Rei Gesing

Die Weisheit der 100-Jährigen
7 Fragen an die ältesten Menschen Deutschlands

MonoLit Band 1

Rei Gesing

Die Weisheit der 100-Jährigen

7 Fragen an die ältesten Menschen Deutschlands

solibro

Zeichnungen der Personen & des Hauses auf S. 127: André Kröker

ISBN 978-3-96079-061-7

Umschlaggestaltung: Michael Rühle / Wolfgang Neumann
Umschlagfoto: Rei Gesing (Motiv Hildegard Kinschert)
Umschlagfoto Rückseite: mirpic/Adobe Stock
Fotos S. 156f: Rei Gesing
Zeichnungen der Baumstämme: Freepik

Gedruckt in Deutschland
auf chlorfrei gebleichtem & alterungsbeständigem Papier

verlegt. gefunden. gelesen.

www.solibro.de

Vorwort von Simone Rethel-Heesters

Das Alter und das Älterwerden sind Themen, die in unserer Gesellschaft meist verdrängt werden. Ja, man will sich damit nicht beschäftigen aus Angst vor Einschränkungen, Nichtmehrgebrauchtzuwerden und Entwertung.

Wir müssen umdenken und eine neue Einstellung zum Alter entwickeln. Gegen Demenz, Inkontinenz oder Zucker kann man meist nicht so viel ausrichten – doch Abschiebung, Einsamkeit, mangelnde Anerkennung, ja Herabwürdigung schon. Natürlich sollten wir auch selbst etwas dafür tun, um auch im Alter körperlich und geistig gesund bleiben zu können. Mein Mann, Johannes Heesters, erhielt sich die Neugierde aufs Leben und hat trotz größter Schwierigkeiten in bewundernswerter Weise diszipliniert und aktiv am Leben teilgenommen. Er sagte immer wieder: „Das Leben ist schön!", obgleich er die letzten fünf Lebensjahre total blind und vorher schon sehr sehbehindert war. Alte Menschen sind oft viel positiver gestimmt als so manches „Mittelalter". Dass mein Mann keine Ausnahme war, zeigen auch die Gespräche in diesem wunderbaren Buch. Denn als roter Faden zieht sich ein positives Grundgefühl durch die unterschiedlichen Interviews. Das eigene Leben wird nicht bereut, im Gegenteil: Einige Damen und Herren äußern sogar den Wunsch, ihr Leben gerne genauso noch einmal, aber bewusster leben zu können. Das sollte eine Anregung für die jüngere Generation sein. Wer offen ist für die Erfahrungswelt der Alten, kann nicht nur dem eigenen Alter gelassener entgegensehen, sondern vielleicht auch seinem eigenen Leben neue Impulse geben.

In diesem Sinne wünsche ich Ihnen eine erhellende Lektüre mit „Die Weisheit der 100-Jährigen". Helfen Sie mit, dass das „Altern in Würde" selbstverständlich wird.

Herzlichst

Vorwort des Autors

Schwerpunkt meiner beruflichen Tätigkeit ist die Beratung in Phasen der Entscheidungsfindung. Oft sind meine Mandanten dabei an einem Punkt, an dem man sich im Zuge großer Entscheidungen auch grundsätzliche Gedanken zum Leben macht. Dabei kommen dann manchmal philosophisch anmutende Fragen auf wie: Wofür mache ich das alles überhaupt? Was ist mir eigentlich wichtig? Welche Dinge haben für mich wirkliche Bedeutung, einen Wert? Woran will ich mich im Leben orientieren? Was für ein Mensch will ich sein? Was bedeutet Glück für mich? Was ist eigentlich der Sinn meines Lebens?

Neben meiner beruflichen Tätigkeit als Berater bin ich ehrenamtlich auch in der Begleitung kranker und sterbender Menschen tätig. Insofern habe ich dann im Rahmen der oben beschriebenen Prozesse meinen Mandanten, aber auch Kollegen und Freunden oft Bücher empfohlen, die von Sterbebegleitern geschrieben wurden. Zum Beispiel das Buch „5 Dinge, die Sterbende am meisten bereuen". Autorin ist eine australische Krankenschwester, die in der Hospizarbeit tätig ist und im Angesicht eines nahen Todes intensive Gespräche mit diesen oft schwerkranken Menschen führte. Interessant ist, dass sich die Reue der Sterbenden fast ausschließlich auf die eher „kleinen Dinge" des Lebens bezieht: Ich hätte meine Freundschaften besser pflegen sollen! Ich hätte damals meinen Traum zu tanzen umsetzen sollen! etc. Diese 5 Dinge passen mit Sicherheit nicht für jeden Einzelnen, aber sie können eine Orientierungshilfe geben, Impulse darstellen, wenn es um die oben genannten „großen Fragen des Lebens" geht. Denn diese Menschen haben im Angesicht des Todes jedwede Hülle fallengelassen und ehrlich offenbart, was sie bereuen und anders machen würden, wenn sie auf ihr zu Ende gehendes Leben zurückschauen.

Interessanterweise sind es meiner Erfahrung nach gerade meine weiblichen Mandanten, die an solchen Ratgeber-Büchern interessiert sind. Männer hingegen – Ausnahmen bestätigen die Regel – verweigern sich eher der Auseinandersetzung mit dem Tod und sehen darin keine Inspirationsquelle. Es entstand daher im Laufe der Zeit die Frage, was denn ein Mittel sein könnte, auch Männer zu inspirieren. Und so keimte in mir die Idee auf, wirklich sehr alte Menschen, konkreter: über 90- oder gar über 100-Jährige, nach ihren Erfahrungen mit dem Leben zu befragen – nach dem, was sie in ihren Augen richtig gemacht haben, was vielleicht zu ihrem hohen Lebensalter beigetragen haben könnte, was sie glücklich gemacht hat. Aber auch, wie sie mit Ärger und Konflikten umgegangen sind, wie sie Stress bewältigt haben und was ihnen Kraft gegeben hat. Kurz: nach der Quintessenz ihres Lebens. Und so war die Idee zu dem vorliegenden Buch geboren.

Die nächste Herausforderung lag darin, für die Befragung der Methusalems einen Fragenkatalog zu erstellen. Bei dieser Aufgabe haben mir meine vier Kinder geholfen, die die Fragestellungen noch einmal aus einer anderen Perspektive ergänzt haben. Letztendlich haben sich von anfangs fünfzehn Fragen acht herauskristallisiert, die die unterschiedlichen Bereiche des Lebens tangieren: von grundsätzlichen Prioritäten im Leben über Krisenbewältigung bis hin zu noch vorhandenen Träumen. Den so entstandenen Fragenkatalog habe ich zunächst bei Interviews mit älteren Menschen aus meinem Bekanntenkreis – beziehungsweise Senioren aus dem Umfeld von Freunden und Bekannten „getestet", also mit Befragten, die zwar noch nicht ganz in die Methusalem-Kategorie fielen, aber doch auch schon sehr betagt waren. Diese Gespräche, deren Ablauf noch nicht ganz so festgelegt war wie bei den letztendlichen Methusalem-Interviews, und die sich im Anhang unter „Die Vorrunde" nachlesen lassen, führten zu dem Ergebnis, dass lediglich eine Frage des Fragenkatalogs gestrichen werden musste – die Frage nach dem Vorhandensein und dem heutigen Kontakt zu verbliebenen Geschwistern. Anhand der verbliebenen 7 Fragen wurde dann das Portfolio für das vorliegende Projekt entwickelt.

Die nächste Herausforderung bestand darin Gesprächspartner zu suchen und zu finden, die willens und auch körperlich und geistig in der Lage waren – was in diesem hohen Alter nicht selbstverständlich ist – mir meine Fragen zu beantworten. Mein Ziel war es ca. 25 hochbetagte Frauen und Männer zu finden, die in dem Jahr, in dem das Buch voraussichtlich erscheinen würde, sprich im Jahr 2018 mindestens ihr 99. Lebensjahr begannen.

Die „Rekrutierung" von freiwilligen Gesprächspartnern erfolgte einerseits über die Recherche von Zeitungsberichten über Jubiläen oder runde Geburtstagstage, zum anderen auch durch direkte Vorsprache bei Seniorenwohnheimen oder Pflegediensten. Naturgemäß führte das fortgeschrittene Alter meiner Gesprächspartner in einigen Fällen dazu, dass sich in der Zeit zwischen einer Zusage und dem vereinbarten Interviewtermin der Gesundheitszustand rapide verschlechterte, sodass kein Gespräch mehr stattfinden konnte. Einige waren sogar in der Zwischenzeit verstorben, obwohl nur wenige Wochen zwischen der Kontaktaufnahme und dem Termin für das Treffen lagen. Letztendlich habe ich aber im Zeitraum von Juli 2017 bis Februar 2018 fünfunddreißig „Methusalems" interviewt. Erwartungsgemäß fällt die Zahl der männlichen Interviewpartner dabei geringer aus als die der teilnehmenden Frauen. Der Aufbau der Gespräche ist immer gleich: Jeder Gesprächspartner wird kurz mit seiner Vita vorgestellt, dann folgen die 7 Fragen und die dazugehörigen Antworten. Die Interviews wurden außerdem durch eindrückliche Zeichnungen von André Kröker illustriert. So ähnlich der Aufbau auch sein mag, die Gespräche verliefen jeweils vollkommen unterschiedlich. Mal beschränkten sich die Gesprächspartner auf kurze Statements, mal kam man anlässlich der Gesprächssituation ins Plaudern. Insgesamt hatte ich Einblick in ein breites und beeindruckendes Sammelsurium an Lebensweisheit. Und fast alle Befragten verband das Interesse daran an einem spannenden Projekt mitzuwirken und die Hoffnung, die Veröffentlichung dieses Buches noch zu erleben.

Rei Gesing

Anna Bucher

Die Träumerin

Anna Bucher wurde 1910 in Eisenfurt geboren und war zunächst als Dienstmädchen in verschiedenen „Häusern" tätig. Später heiratete sie und bekam eine Tochter. Anna Bucher lebt in einer Seniorenresidenz in Berlin und fühlt sich dort „wie zu Hause". Wenn es dann doch einmal zu hektisch werde im Haus, ziehe sie sich einfach auf ihr Zimmer zurück. Dann schließe sie eine Zeitlang die Augen, um zu träumen. So schaffe sie es, dass es ihr „eigentlich immer gutgeht".

Warum, glauben Sie, sind Sie so alt geworden?

Manchmal denke ich, das kann nicht sein, dass ich 107 Jahre alt bin, und zweifle, ob es die Wirklichkeit ist, so alt zu sein. Oder ob ich das vielleicht nur träume oder ich möglicherweise nicht mehr ganz richtig im Kopf bin. Dann hole ich meinen Ausweis und da steht es dann: Geboren am 13. Februar 1910! Ich kann es selbst nicht glauben; ich wusste gar nicht, dass das möglich ist so alt zu werden. Ich staune selbst darüber; ja und es ist möglich, dass ich deshalb so alt geworden bin: weil ich staunen kann und mich auch sonst immer begeistern konnte für vieles!?

Was ist Ihrer Auffassung nach das Wichtigste im Leben?

Aktiv sein, in Bewegung sein, viel arbeiten, etwas schaffen, etwas verändern! Man ist doch nicht lebendig, um rumzusitzen und Däumchen zu drehen. Das Leben ist nur schön, wenn darin auch etwas passiert. Und das müssen auch gar nicht immer so große Sachen sein; die Kleinigkeiten können auch etwas bewirken und sehr schön sein. Wenn ich besser hören könnte, würde ich noch viel öfter mal ein Schwätzchen mit den anderen machen. Aber ein Lächeln schenken ist ja auch schon etwas!? Und das kann ich noch gut und das mache ich auch oft.

Wie haben Sie in Ihrem Leben Stress, Ärger, Ängste, Konflikte und Krisen bewältigt?

Das gab es kaum in meinem Leben. Ich konnte immer die Ruhe bewahren, egal was war, und deshalb habe ich wohl auch keine Erinnerung an Zeiten mit Ärger oder Streit.

Was raten und wünschen Sie den heute jungen Menschen?

Dazu kann ich nicht viel sagen. Die müssen selber schauen, wie sie in der Welt von heute klarkommen. Nicht zu stolz sein Hilfe anzunehmem, fällt mir da noch ein.

Was ist Ihrer Ansicht nach der Sinn des Lebens?

Ich weiß gar nicht ob das Leben einen Sinn hat? Da denke ich gar nicht so gerne drüber nach; denn wenn ich dann zu dem Schluss komme, dass es vielleicht gar keinen besonderen Zweck hat, kann das sehr unangenehm sein.

Was bedeutet Glück für Sie?

Wenn man die alltäglichen Bedürfnisse stillen kann, ist das schon sehr viel! Das wisst ihr Jungen gar nicht mehr zu schätzen. Wie viele Menschen mögen wohl davon träumen, dass es ihnen nur einen Tag im Leben so gut ginge wie uns hier!?

Haben Sie noch Träume und Wünsche?

Das bald mal etwas anderes kommt. Sie wissen, was ich meine! Ich nehme an, es kommt noch ein Leben nach dem Tod.

Christina Lösing

Die Gelassene

Christina Lösing wurde 1915 als eines von 11 Geschwistern in Westfalen geboren. Sie heiratete und bekam 3 Kinder, deren Erziehung sie sich widmete. Sie freut sich sichtlich auf das Gespräch und strahlt insgesamt eine heitere Gelassenheit aus. Sie lebt in einem Seniorenheim an der deutsch-niederländischen Grenze im Westmünsterland.

Warum, glauben Sie, sind Sie so alt geworden?

Ja, ich habe eben Glück gehabt und man kann wohl sagen, dass ich ein heiterer, fröhlicher Mensch bin. Ich hab auch heute noch meistens gute Laune. Das trägt gewiss maßgeblich zur Gesundheit bei. Und eine stabile Gesundheit benötigt man ja, um alt zu werden.

Was ist Ihrer Auffassung nach das Wichtigste im Leben?

Guten Kontakt zu anderen Menschen, da leg ich großen Wert drauf! Ich bekomme auch viel Besuch. Das ist toll! Ja, und so allgemein würde ich sagen, ist eine gute Ausbildung wohl ganz wichtig, um später beruflich fest im Sattel zu sitzen.

Wie haben Sie in Ihrem Leben Stress, Ärger, Ängste, Konflikte und Krisen bewältigt?

Ach ja, so ist es ja im Leben. Solche Dinge kommen ja vor: „Wo Menschen sind, da menschelt es!" Es scheint nicht alle Tage die Sonne. Aber man weiß doch, dass alles vorbeigeht. Manchmal regeln sich solche Dinge auch von ganz alleine. Ich habe das oft erlebt.

Was raten und wünschen Sie den heute jungen Menschen?

Die tun doch, was sie wollen. (*Frau Lösing lacht*). Aber so soll das ja auch sein! Ich finde, sie sollten auch nicht immer auf das Negative gucken. Die Jungen dürfen ihre Jugend auch genießen. Aber sie sollten auch lernen, mal allein sein zu können. Lernen, es mit sich selbst aushalten zu können. Alleine sein bedeutet doch nicht unbedingt einsam sein. Das Alleinsein kann auch sehr schön sein. Ich bin gerne zwischendurch auch mal für mich allein.

Was ist Ihrer Ansicht nach der Sinn des Lebens?

Häufig Dinge tun, die einem Spaß machen. Am besten in der Freizeit UND bei der Arbeit.

Was bedeutet Glück für Sie?

Ich sitze am liebsten in dem großen Sessel da hinten. Das ist der bequemste im ganzen Haus. Ich sitze meist den ganzen Vormittag dort und beobachte, was im Haus passiert. Dann sitze ich da und schaue zu, lasse alles auf mich wirken und bin glücklich.

Haben Sie noch Träume und Wünsche?

Ab und zu nochmal ein wenig Anerkennung und Wertschätzung zu bekommen. Wie heute von Ihnen. Nein wirklich, mehr brauche ich nicht. Ich bin rundum zufrieden.

Elisabeth Schaal

Die Selbstständige

Elisabeth Schaal, geboren 1917, wuchs mit sieben Geschwistern auf. Sie war verheiratet, ist Mutter einer Tochter und arbeitete Zeit ihres Lebens als Krankenschwester. Sie lebt auch heute, mit über 100 Jahren, allein in ihrer eigenen Wohnung und erledigt ihren Haushalt und alle alltäglichen Dinge noch völlig selbstständig, ohne auf fremde Hilfe angewiesen zu sein. Sie legt auch lange Wegstrecken zu Fuß zurück. Einen Rollator oder andere Gehhilfen sucht man bei ihr vergeblich. Sie strahlt während des Interviews unglaubliche Energie aus und besticht durch ihre Neugier und ihr politisches Interesse.

Warum, glauben Sie, sind Sie so alt geworden?

Ich war immer in Bewegung, habe viel gearbeitet. Und gerne gearbeitet habe ich auch. Und ich trinke jeden Tag Leinöl. Das mache ich schon mein ganzes Leben lang. Bis heute!

Was ist Ihrer Auffassung nach das Wichtigste im Leben?

Immer sagen zu können: „Es kommt, wie es kommt." Mit Ruhe und Gelassenheit alles nehmen zu können, wie es ist und kommt. Wenn einem das gelingt, hat man ein gutes Leben. Ohne Angst, ohne Sorgen. Dann kann man auch zufrieden sein und fühlt sich wohl. Dann lebt man auch gerne.

Wie haben Sie in Ihrem Leben Stress, Ärger, Ängste, Konflikte und Krisen bewältigt?

Ich lebe mit meinem Herrgott. Nicht, dass ich in die Kirche laufe – nein! Aber ich vertraue darauf, dass immer auch alles wieder gut wird. Und Ärger und Krisen gehören nun mal zum Leben dazu. Dabei lernt man ja auch etwas. Das hat auch sein Gutes. So sehe ich das!

Was raten und wünschen Sie den heute jungen Menschen?

Die sind heute alle oft so nervös, manchmal sogar aggressiv. Haben keine Zeit. Immer diese Dinger in den Ohren! „Guten Tag" sagen kennen viele gar nicht mehr. Die sollten mal wieder lernen, sich zu unterhalten. Ein Schwätzchen zu machen. Die wissen gar nicht mehr, wie das geht. Sie müssen sich mehr Zeit nehmen für solche Dinge und lernen gelassen zu sein und sich mal zu entspannen!

Was ist Ihrer Ansicht nach der Sinn des Lebens?

Ich glaube zu lernen, dass alles einen Sinn hat. Ich stehe morgens mit meinem Herrgott auf und gehe abends mit Gottvertrauen ins Bett, lege alles in seine Hand. Dazu brauche ich auch keine Kirche. Ich vertraue einfach. Der Pastor besucht mich regelmäßig. Aber ich sage ihm immer: „Gebetet wird nicht!" Wir reden dann über Politik und gesellschaftliche Fragen, weil mir das wichtig ist.

Was bedeutet Glück für Sie?

Wenn man gesund ist und selbstbestimmt leben kann. Wenn man sein Auskommen hat und in der Familie alles harmonisch läuft.

Haben Sie noch Träume und Wünsche?

Meine Verwandten in Königslutter würde ich gerne noch einmal besuchen. Ich wünsche mir, dass ich weiterhin nicht zu denen gehören werde, die immer jammern und klagen. Ans Alleinsein bin ich ja gewöhnt, das macht mir nichts. Ich will regelmäßig mit meinen Lieben telefonieren können, will wissen, was es Neues gibt. Ich brauche Informationen. Ich muss wissen, was in der Politik passiert.

Paul Krieger

Der Lebensfrohe

Paul Krieger, geboren 1919 in Ostpreußen, wurde im Krieg mehrfach verwundet und verlor ein Auge. Nach Krieg und Kriegsgefangenschaft kam er mit seiner Frau ins Münsterland. Als Bau- und Möbelschreiner arbeitete er bis ins hohe Alter. Paul Krieger ist Vater von zwei Kindern. Seine erste Frau verstarb mit nur 54 Jahren. Er heiratete erneut, mittlerweile ist er jedoch seit einigen Jahren wieder verwitwet. Seinen Lebensmut und seinen unerschütterlichen Optimismus hat er sich trotzdem erhalten. Und er hofft damit auch ein Vorbild zu sein für seine Kinder, Enkel und andere. Das Interview macht ihm sichtlich viel Freude und das sagt er auch während des Gesprächs immer wieder. „Ich freue mich so, dass Sie mich besuchen und sich für meinen Lebensweg interessieren." Er strahlt viel Lebensfreude, Heiterkeit und eine große Herzlichkeit aus. Einige Male stimmt er ein Lied an.

Warum, glauben Sie, sind Sie so alt geworden?

Das ist ganz einfach. Das müssen Sie sich gar nicht aufschreiben. Das können Sie sich auch so merken. Ich habe immer gut und gerne gegessen, viel und gerne gearbeitet, wenig getrunken, nur hin und wieder zu feierlichen Anlässen. Und ich habe nie geraucht.

Was ist Ihrer Auffassung nach das Wichtigste im Leben?

Auch das ist ganz einfach. Viel Liebe ist wichtig, gute Freunde zu haben, Spaß an der Arbeit, Freude am Leben und Gottvertauen. Dann man muss sich keine Sorgen machen, dann wird schon alles gut werden. Bei mir war es immer so. Und das wünsche ich Ihnen auch.

Wie haben Sie in Ihrem Leben Stress, Ärger, Ängste, Konflikte und Krisen bewältigt?

Ich hatte nicht viel Ärger, weder im Privaten noch auf der Arbeit. Und wenn, dann habe ich versucht mich abzulenken. Und wissen Sie wie? Mit Singen! Ich habe viel gesungen in meinem Leben. Ich singe immer noch gerne. „Ich weiß, es wird einmal ein Wunder geschehen …" (*Paul Krieger singt zwei Strophen des Liedes und ich versuche den Refrain mitzusingen; ein wunderschönes Erlebnis!*)

Was raten und wünschen Sie den heute jungen Menschen?

Sich einen Beruf zu suchen, der Spaß macht! Ich habe in der Werkstatt ganz viel gesungen. Ich rate auch dazu nicht immer so negativ sein, nicht so viel meckern und nicht immer das Haar in der Suppe zu suchen. Das macht schlechte Laune. Und für schlechte Laune ist das Leben zu kurz, auch oder besser erst recht, wenn man fast 100 ist, wie ich.

Was ist Ihrer Ansicht nach der Sinn des Lebens?

Freude am Leben! Und Vertrauen. Es geht nicht ohne Freude und Vertrauen. Wenn das fehlt, hat alles keinen Sinn. Ich hatte es nicht immer leicht; habe viele liebe Menschen verloren. Und schauen sie mich an (*er zeigt auf das fehlende Auge*). Ich habe mein Leben trotzdem nie als sinnlos empfunden und dafür bin ich sehr dankbar.

Was bedeutet Glück für Sie?

Wenn man mit dem zufrieden sein kann, was man hat. Das ist Glück! Und Gesundheit. Anderen Mut zusprechen können und wenn andere einem selbst Mut zusprechen, dann ist das ein großes Glück. Ja, und dass man eben Glück hat, so wie ich, weil ich immer noch lebe!

Haben Sie noch Träume und Wünsche?

Es gibt keine großen Wünsche mehr in meinem Alter. Die Familie, ein, zwei Freunde immer zu haben, sicherlich. Nicht allein zu sein. Dass ich nie verzage oder den Kopf hängenlasse. Und ich weiterhin immer alles so nehmen kann, wie es kommt. „Davon geht die Welt nicht unter …" (*Herr Krieger singt dieses Lied inbrünstig und mit einer kräftigen, klaren Stimme, was mich sehr beeindruckt und tief bewegt!*)

Therese Fenners

Die Maßvolle

Therese Fenners wurde 1906 als eines von 10 Geschwistern geboren und lebt heute in einem Seniorenheim am Niederrhein. Mit ihren mittlerweile 112 Jahren ist sie der älteste Mensch in Nordrhein-Westfalen. Sie arbeitete schon sehr früh in einer Weberei, später dann als Hausdame und im Einzelhandel. 1929 heiratete sie und bekam zwei Kinder. Unser Gespräch ist geprägt von ihrem herzlichen Lachen und ihrer einladenden und humorvollen Art.

Warum, glauben Sie, sind Sie so alt geworden?

Ich war sehr diszipliniert, würde ich sagen. Und auch nie, niemals krank. Einmal habe ich mir das Bein gebrochen, sonst nichts.
Vielleicht hat mich fitgehalten, dass ich immer dafür gesorgt habe, dass mein Eisenhaushalt passt. Wissen Sie wie? Ich habe immer Wasser auf rostige Nägel gegossen. Das Ganze eine Zeitlang stehen lassen und dann den Eisentrunk getrunken. Das ist wirklich wahr!

Was ist Ihrer Auffassung nach das Wichtigste im Leben?

Der Zusammenhalt in der Familie. Wir zehn Geschwister haben uns ein Leben lang einmal in der Woche getroffen. Mittlerweile sind alle meine Geschwister verstorben, aber meine Kinder, Enkel und Urenkel mit ihren Partnern besuchen mich oft. Das ist das Wichtigste für mich.

Wie haben Sie in Ihrem Leben Stress, Ärger, Ängste, Konflikte und Krisen bewältigt?

Ich habe immer versucht, neutral zu bleiben und Verständnis für alle Seiten aufzubringen. Es gab in meinem Leben kaum Streit oder Ärger. Stress hatte ich nie.

Was raten und wünschen Sie den heute jungen Menschen?

Frieden halten, Zusammenhalt stärken, großzügig sein. Wir haben neuneinhalb Jahre mit der ganzen Familie in nur einem Raum gelebt und haben trotzdem kaum gestritten und sind immer alle gut miteinander ausgekommen.

Was ist Ihrer Ansicht nach der Sinn des Lebens?

Aktiv sein, immer in Bewegung bleiben. Ein Leben lang lernen und es genießen, immer noch dazuzulernen. Ich habe mit 85 Jahren noch ganz neue Dinge angefangen.

Was bedeutet Glück für Sie?

Immer alles in Ruhe angehen zu können. Es ist auch schön zu feiern, aber immer mit Maß. Ich habe alles mitgemacht, habe es aber nie übertrieben. Mal ins Theater gehen, und lesen, ja, das war auch ein großes Glück für mich. Zeit zum Lesen zu haben! Ich habe hunderte Bücher gelesen, auch hier im Seniorenheim noch.

Haben Sie noch Träume und Wünsche?

Ich möchte meine innere Ruhe behalten und manchmal lachen können. Mich weiterhin so geborgen und gut umsorgt fühlen.

Lucia Rodschies

Die Heimatlose

Lucia Rodschies wurde 1920 als uneheliches Kind in Ostpreußen geboren und wuchs bei ihren Großeltern auf. Vier Wochen vor Kriegsbeginn verließ die Familie Ostpreußen und kam so einer späteren Flucht zuvor. Frau Rodschies kam nach Bayern, lernte dort ihren späteren Mann kennen und ging mit ihm nach Berlin, wo sie sich als Hausfrau und Mutter um die beiden gemeinsamen Töchter kümmerte. Der „Makel" ihrer Herkunft verfolgte sie ihr ganzes Leben lang, ihr im Gespräch geäußertes Lebensfazit „Ich bin ein ungewollter Mensch" verdeutlicht ihre Traurigkeit und den Mangel an Akzeptanz, mit dem sie all die Jahre zu kämpfen hatte. Ich lerne Lucia Rodschies als eine zwar verletzte, aber auch besonders mitfühlende, emphatische, emotionale Frau kennen, die den Verlust ihrer Heimat bis heute nicht verwunden hat. Sie hat meinen allergrößten Respekt.

Warum, glauben Sie, sind Sie so alt geworden?

Ich habe viel Gymnastik gemacht, vielleicht hat das geholfen. Bewegung ist so wichtig für den Körper. Besonders aber auch für die Seele. Man fühlt sich lebendiger, besser, auch freier, wenn man sich viel bewegt.

Was ist Ihrer Auffassung nach das Wichtigste im Leben?

Einen schönen Beruf zu erlernen. Ich konnte das leider nicht. Ich hätte mir gerne, so wie das heute üblich ist, überlegt: „Was liegt mir? Was passt zu mir? Was kann ich gut?", und hätte dann einen Beruf gefunden, der zu mir passt. Ich kann mir nichts Wichtigeres vorstellen als eine tolle Arbeit zu haben. Gut, dass das heute zumindest fast immer so ist.

Wie haben Sie in Ihrem Leben Stress, Ärger, Ängste, Konflikte und Krisen bewältigt?

Ich konnte als Jugendliche mit niemandem reden. Das macht mich noch heute traurig, wenn ich daran denke. Meine Großeltern waren zu alt und hätten mich nicht verstanden. Dass man jemanden hat, der einen versteht, das ist bei Kummer ganz wichtig, glaube ich. In der Zeit damals bei meinen Großeltern habe ich begonnen zu beten und dem lieben Gott meinen Kummer hingehalten. Und das hat geholfen.

Was raten und wünschen Sie den heute jungen Menschen?

Wie ich schon vorhin gesagt habe: einen Beruf zu erlernen, den man gerne macht, und in diesem Bereich so viele Kenntnisse und Fähigkeiten zu erlernen und erwerben wie möglich, denn dann hat man noch mehr Freude daran. Lernen können und Fähigkeiten erwerben in einem Bereich, der einem Spaß macht ist ein Geschenk, und die jungen Leute sollten es mehr wertschätzen, glaube ich. Für uns war das damals nicht selbstverständlich.

Was ist Ihrer Ansicht nach der Sinn des Lebens?

Sich im Beruf, aber auch in der Gesellschaft zu engagieren. Dazuzugehören. Teil einer Gemeinschaft zu sein, in der man sich akzeptiert fühlt. Wo man sich geborgen fühlt und angenommen. Wo man zu Hause ist. Ich vermisse meine Heimat noch immer so sehr. Das wünscht man keinem; dieses getriebene, suchende Umherirren, wenn man sein Zuhause verloren hat. Aber davon möchte ich jetzt nicht mehr reden, entschuldigen Sie bitte!

Was bedeutet Glück für Sie?

Gesund zu sein und die Erfahrungen zu machen, die man eben nur als Gesunder machen kann, Sport zum Beispiel, und arbeiten, oder am kulturellen Leben teilnehmen. Wenn man gesund ist, fühlt man sich gut und kann gute Erfahrungen sammeln und viele schöne Erlebnisse haben.

Haben Sie noch Träume und Wünsche?

Für große Träume ist es zu spät. Ich wünsche mir sehr, nie bettlägerig zu werden. Das wäre schlimm. Daran mag ich gar nicht denken. Ich hoffe, dass mir wenigstens das erspart bleibt.

Adele Neuhaus

Die Kämpferin

Adele Neuhaus wurde 1916 geboren. Als Kind aus erster Ehe ihres Vaters erlebte sie nach dessen Wiederheirat eine harte Kindheit mit der Stiefmutter. Sie lernte dadurch jedoch für sich und ihre Bedürfnisse einzustehen und zu kämpfen. Gemeinsam mit ihrem Ehemann betrieb sie einen großen Gasthof mit Kegelbahnen. Das Paar hatte vier Kinder.

Warum, glauben Sie, sind Sie so alt geworden?

Ich habe einfach noch nicht aufgehört zu atmen. Und das Herz schlägt immer noch kräftig und gleichmäßig. Es scheint, als funktioniere alles immer noch recht gut. Da habe ich wohl einfach Glück.

Was ist Ihrer Auffassung nach das Wichtigste im Leben?

Einen festen Halt zu haben. Irgendwo verankert zu sein. Zu wissen, wo man hingehört und nicht alleine zu sein. Dass man sich nicht verlassen fühlt, sondern irgendwo dazugehört. Mein Glaube und das damit verbundene Gottvertrauen, das ist zumindest für mich sehr wichtig. Das gehört für mich einfach dazu!

Wie haben Sie in Ihrem Leben Stress, Ärger, Ängste, Konflikte und Krisen bewältigt?

Ich war oft sehr impulsiv und auch ziemlich empfindlich. Da kann es dann schon mal zu Konflikten kommen. Manchmal war ich ganz schön wütend und auch beleidigt, weil ich mich ungerecht behandelt fühlte. Dass ich als junges Mädchen aus rein finanziellen Gründen nicht zum Gymnasium gehen durfte, das hat mich wirklich wütend und traurig gemacht. Aber auch damals hat mir schon mein Glaube geholfen, denn vor Gott sind wir doch alle gleich. Das zu wissen beruhigt doch ungemein.

Was raten und wünschen Sie den heute jungen Menschen?

Sie sollten lernen, verzichten zu können. Wer gelernt hat zu verzichten, wer sich selbst beherrscht oder zumindest gut kennt, dem kann nicht viel passieren. Wer die Kunst der Selbstdisziplin und das Verzichtenkönnen gelernt hat, der muss vor dem Leben keine Angst mehr haben. Da kann dann kommen was will. Aber von uns Alten wollen die meisten sich ja doch nichts sagen lassen. Dafür habe ich aber auch Verständnis, wir waren doch auch jung und hatten unseren Kopf. Und wünschen kann man den Jungen nur, dass sie keinen Krieg, keine Inflation oder gar Hunger mehr erleben müssen.

Was ist Ihrer Ansicht nach der Sinn des Lebens?

Wie ich schon sagte: sich binden, um irgendwo dazuzugehören. Zum Partner, zur Familie, zur Kirche. Das gibt mir Halt. Besonders der Glaube. Ich muss aber zugeben, ich bete aber auch nur, wenn ich Zeit habe, da bin ich ganz ehrlich zu Ihnen (*Frau Neuhaus lacht*).

Was bedeutet Glück für Sie?

Zufrieden sein können, was manchmal schon eine Herausforderung ist. Glück ist auch immer treue Menschen um sich zu haben. Leute, auf die man sich verlassen kann in guten wie in schlechten Zeiten. Ja, das ist echtes Glück, meiner Meinung nach.

Haben Sie noch Träume und Wünsche?

Ich würde sehr gerne noch einmal meine Heimatstadt besuchen. Ich habe mich immer sehr verbunden gefühlt mit den Menschen dort. Durch unseren Gasthof kannten wir ja viele Menschen und die Gäste unseres Hauses fühlten sich glaube ich auch mit uns sehr verbunden. Damals war so eine Gastwirtschaft ja viel mehr als heute ein Ort des Kennenlernens. Man tauschte sich aus, man teilte Freud und Leid miteinander.

Heinrich Wessels

Der Bodenständige

Heinrich Wessels wurde 1920 in Neubörger im Emsland geboren. Eigendlich sollte er den elterlichen Bauernhof übernehmen, verlor jedoch im Krieg bei Kämpfen in Frankreich ein Bein und musste sich beruflich neu orientieren. Er trat in den Dienst der Deutschen Bahn und wurde dort Amtsrat. Vor 70 Jahren lernte er seine Frau Inge kennen. Die beiden heirateten 1950. Das Paar hat drei Kinder, eine Tochter und zwei Söhne.

Warum, glauben Sie, sind Sie so alt geworden?

Ich habe nie geraucht. Mein Leben lang nicht. Und auch ganz wenig Alkohol getrunken. Nur hin und wieder ein Gläschen zum Genuss oder zum Anstoßen. Ich hatte immer einen festen Tagesablauf. Auch heute brauche ich das noch für mein Wohlbefinden. Es gab immer und gibt auch noch immer einen ganz geregelten und geordneten Wochenrhythmus. Diese Ordnung, das Geregelte, das ist für meine Frau und mich ganz wichtig.

Was ist Ihrer Auffassung nach das Wichtigste im Leben?

Mein christlicher Glaube. Ich war immer in der Kirchengemeinde aktiv, habe versucht mich einzubringen. Ich habe mich bemüht das Gemeindeleben aktiv mitzugestalten und habe dort in der Gemeinde auch das Gemeinschaftsgefühl, das Gefühl der Zusammengehörigkeit und des Zusammenhalts erlebt und erfahren. Generell ist es, glaube ich, gut aktiv zu sein und immer in Bewegung zu bleiben.

Wie haben Sie in Ihrem Leben Stress, Ärger, Ängste, Konflikte und Krisen bewältigt?

Ich hatte ganz wenig Ärger. Das kenne ich kaum, denn ich versuche immer in gutem Einvernehmen mit allen zu leben. Das galt für meinen Alltag im Beruf, aber auch und gerade in der Familie und mit meiner lieben Frau.

Was raten und wünschen Sie den heute jungen Menschen?

Ich rate niemals den Mut zu verlieren. Immer schnell wieder aufstehen, wenn einmal etwas danebengegangen ist. Schnell sagen: „Schwamm drüber, weiter geht's!", und es noch einmal versuchen. Schnell wieder ganz normal leben und nicht mehr daran denken und darüber sich den Kopf zerbrechen. Es muss ja weitergehen und geht auch immer weiter. Darauf kann man sich verlassen.

Was ist Ihrer Ansicht nach der Sinn des Lebens?

Sich gegenseitig das Leben so angenehm wie möglich machen. Seinen Mitmenschen das Leben so angenehm wie möglich machen. Wir beide, meine Frau und ich, versuchen das jeden Tag. Wir sind füreinander da und sorgen uns umeinander. Es gibt doch nichts Schöneres als im Leben seiner Familie für ein wenig Wohlbefinden und Wohlergehen zu sorgen. Ja, gute Kontakte zu anderen Menschen pflegen innerhalb und außerhalb der Familie, das ist der Sinn des Leben. So sehe ich das. Menschliche Kontakte pflegen!

Was bedeutet Glück für Sie?

Zufriedenheit ist Glück. Zufrieden und gelassen sein zu können. Dankbarkeit empfinden, das ist auch ein Glück. Glück ist es auch, wenn es gelingt alles so nehmen zu können, wie es ist. Wenn man auch vor der Zukunft keine Angst hat und sich keine Sorgen zu machen braucht. Die Dinge nehmen zu können, wie sie kommen, das ist Glück? Was meinst du, Inge?

Haben Sie noch Träume und Wünsche?

Dass es noch ein bisschen, nein, besser noch recht lange so bleibt, wie es jetzt ist. Dass wir uns haben und auch noch einigermaßen gesund sind. Ja, dass es so noch eine Weile weitergeht, dass wünschen wir uns.

Maria Liske

Die Besonnene

Maria Liske wurde 1920 im Ruhrgebiet geboren. Ihr Verlobter fiel im Krieg, kurz nach dem Krieg heiratete sie ihren Mann Erich und bekam drei Kinder, zwei Söhne und eine Tochter. Ihr Mann war Schulleiter, sie Hausfrau und Mutter. Im Interview macht sie einen sehr stillen, sehr leisen Eindruck und wird mir besonders mit ihrer zurückgenommenen und ausgesprochen liebenswerten Art im Gedächtnis bleiben.

Warum, glauben Sie, sind Sie so alt geworden?

Meine Eltern sind auch alt geworden. Mir ging es natürlich nicht immer gut. Unsere Generation hat ja viel erlebt, aber mir ging es auch nie richtig schlecht. Ich habe zum Beispiel nie hungern müssen wie viele andere. Ich habe, würde ich sagen, ein normales, durchschnittliches Leben geführt. Vielleicht ist es das, das Normale meine ich. Vielleicht habe ich auch deswegen ein so hohes Lebensalter erreichen können!?

Was ist Ihrer Auffassung nach das Wichtigste im Leben?

Die Gesundheit auf jeden Fall. Ich sage das deshalb, weil ja auch die ganze Lebensqualität damit verbunden ist. An der Gesundheit hängt ja viel dran. Das ganze Familienleben ist ja auch davon abhängig. Ich zumindest bin sehr froh, dass ich eigentlich immer gesund war und ja auch heute noch bin. Zumindest dem Alter entsprechend gesund.

Wie haben Sie in Ihrem Leben Stress, Ärger, Ängste, Konflikte und Krisen bewältigt?

Ich habe es immer geschafft, mich nicht über Kleinigkeiten zu ärgern und Frieden mit allen zu halten. Ich habe mich nie in etwas eingemischt, was mich nichts anging. Ich wollte meinen Frieden und habe andere in Frieden gelassen. Das war und ist mir wichtig. Kleinigkeiten können mich eigentlich nicht aus der Fassung bringen.

Was raten und wünschen Sie den heute jungen Menschen?

Ich kann nur raten immer nach Ruhe und Frieden zu streben im Umfeld, aber auch in der Gesellschaft und in der Politik, sich aber auch nicht überall einzumischen und mitzumischen. Ich habe das schon von meinen Eltern gelernt. Das hat mir im Leben immer geholfen und ich kann es nur jedem empfehlen. Ja, wirklich!

Was ist Ihrer Ansicht nach der Sinn des Lebens?

Gut für sich selbst, natürlich auch für andere, aber eben auch für sich selbst sorgen. Sich gut pflegen, gut und achtsam mit sich umgehen, damit man gesund bleibt. Dann kann man ein erfülltes Leben führen und auch anderen dabei helfen, dass sie ein gutes, ruhiges und schönes Leben haben.

Was bedeutet Glück für Sie?

Es ist ein solches Glück, gesund zu sein und gesund alt zu werden – wie ich. Großes Glück ist das. Das wünsche ich auch jedem. Denn jeder hat das verdient.

Haben Sie noch Träume und Wünsche?

Ich wünsche mir keine Schmerzen zu haben, bis ich sterbe. Wünschen würde ich mir auch, dass das gute Miteinander innerhalb unserer Familie weiterhin eine Selbstverständlichkeit bleibt.

Gudrun Zapf von Hesse

Die Kreative

Gudrun Zapf von Hesse wurde 1918 in Schwerin geboren. Sie ist eine international bekannte deutsche Typografin, Grafikerin und Schriftkünstlerin. 1951 heiratete sie den Typografen Hermann Zapf. Sowohl ihr Ehemann als auch der gemeinsame Sohn sind inzwischen verstorben. Zu ihrem hundertsten Geburtstag am 2. Januar 2018 veröffentlichte sie ihre erste digitale Schrift, die Hesse Antiqua. In diesem Buch sind die Personennamen in dieser edlen Schrift gesetzt. Gudrun Zapf von Hesse lebt seit 1972 in Darmstadt, wo ich sie in ihrem Bungalow mit angrenzenden Atelier besuchen durfte.

Warum, glauben Sie, sind Sie so alt geworden?

Das kann einfach Zufall sein. Ich lege großen Wert darauf, dass ich, solange es geht, alles selber und eigenständig mache. Ich führe noch immer ein weitestgehend selbstbestimmtes Leben. Ich denke, das kann auch dazu beitragen in Würde zu altern und ein hohes Lebensalter zu erreichen.

Was ist Ihrer Auffassung nach das Wichtigste im Leben?

Einen erfüllenden Beruf zu haben und selbstständig und selbstbestimmt zu leben.

Wie haben Sie in Ihrem Leben Stress, Ärger, Ängste, Konflikte und Krisen bewältigt?

Ich bin Widerständen nie ausgewichen. Probleme bin ich frontal angegangen. Häufig gelang es mir mich durchzusetzen und wenn nicht, hieß es „Schwamm drüber", und schnell zur Normalität übergehen und ganz normal weiterarbeiten.

Was raten und wünschen Sie den heute jungen Menschen?

Einen guten Beruf zu wählen, der einem Freude und Erfüllung schenkt.

Was ist Ihrer Ansicht nach der Sinn des Lebens?

Was man an Talenten und Fähigkeiten hat zu nutzen im Beruflichen wie im Privaten. Und dafür auch Dankbarkeit zu empfinden.

Was bedeutet Glück für Sie?

Wenn einem etwas gelingt. Wenn ich zum ersten Mal ein fertiges Buch in Händen hielt, dann war ich wirklich glücklich. Wenn ich Besuch von Verwandten bekomme, natürlich. Und wenn ich anderen helfen kann. Das ist auch etwas, das mich glücklich macht.

Haben Sie noch Träume und Wünsche?

Ich wünsche mir weiterhin Spaß am Leben und an meiner Arbeit zu haben; auch wenn ich mittlerweile natürlich nicht mehr so viel arbeite. Aber ich habe eben immer noch Spaß an meiner Arbeit. Auch an den Werken, die ich teilweise schon vor vielen Jahren geschaffen habe, wie dieses Buch hier (*zeigt eines ihrer Bücher*)!
Vor einigen Monaten gab es im Goethe-Haus in Frankfurt eine Ausstellung über mich beziehungsweise mit meinen Arbeiten. Für diese Ausstellung habe ich das Plakat entworfen.

Berta Mecklenburg

Die Zufriedene

Berta Mecklenburg wurde 1920 auf einem kleinen Bauernhof in Albersloh geboren. Sie hatte fünf Geschwister, von denen vier mittlerweile verstorben sind. Nach der Heirat zog sie mit ihrem Mann, einem „Eisenbahner", nach Münster/Westf. Sie bekam drei Kinder, zwei Töchter und einen Sohn und war „immer sehr gerne" Hausfrau und Mutter. Sie nahm ganz am Vereinsleben vor Ort teil; zunächst in der Frauengemeinschaft, später dann in der Seniorengemeinschaft.

Warum, glauben Sie, sind Sie so alt geworden?

Ich hatte ein ganz ruhiges Leben, das ist wohl der Grund. Ja, und sicher die Gene meiner Mutter. Die ist auch 98 geworden. Das war damals eine Sensation.

Was ist Ihrer Auffassung nach das Wichtigste im Leben?

Das Leben als Geschenk zu sehen und behutsam mit sich umzugehen und ruhig zu leben, damit man gesund bleibt und schöne Erfahrungen machen kann.

Wie haben Sie in Ihrem Leben Stress, Ärger, Ängste, Konflikte und Krisen bewältigt?

Das lässt sich nicht verhindern, manchmal kommt das vor. Das gehört auch zum Leben, meine ich. Einfach ganz normal weitermachen, sobald es geht, gar nicht lang darüber nachgrübeln.

Was raten und wünschen Sie den heute jungen Menschen?

Nicht jede Mode mitmachen! Nicht überall dabei sein wollen! Viel ruhiger leben!

Was ist Ihrer Ansicht nach der Sinn des Lebens?

Für sich einen Glauben oder irgendetwas zu finden, woran man glauben kann und wonach man sich richten kann. Dann hat man Klarheit und bleibt gesund; und dann lebt man auch gerne. Dann ist das Leben lebenswert und hat einen Sinn.

Was bedeutet Glück für Sie?

Gesund zu sein, eine Familie zu haben, ein paar schöne Kontakte zu anderen Menschen. Nicht zu viele!

Haben Sie noch Träume und Wünsche?

Bald sterbe ich, so ist es ja! Mein Wunsch ist, dass ich es gar nicht merke. In Ruhe einzuschlafen, darauf hoffe ich.

Werner Zurkuhlen

Der Sportliche

Werner Zurkuhlen wurde 1916 geboren. Mit seiner Ehefrau Tharsilla ist er seit über 73 Jahren verheiratet. Das Paar hat zwei Söhne. Werner Zurkuhlen arbeitete als beamteter Abteilungsleiter in einem städtischen Personalamt. Ehrenamtlich wirkt er seit über 50 Jahren bei der örtlichen Verkehrswacht, dessen Vorstand er auch über viele Jahre angehörte. In seiner Freizeit widmete er sich zeitlebens seiner großen Leidenschaft, dem Kanufahren.

Warum, glauben Sie, sind Sie so alt geworden?

Das kann ich Ihnen nicht sagen. Es ist eine Gnade Gottes. Ich habe schon immer auf ausreichend Bewegung geachet. Ich habe ansonsten ein sehr strukturiertes, geordnetes und diziplinierte Leben geführt. Und ich bin ein Familienmensch. Die Familie bedeutet mir sehr viel und hat mir immer Kraft gegeben. Vielleicht ließ mich das so alt werden!?

Was ist Ihrer Auffassung nach das Wichtigste im Leben?

Eine glückliche Ehe oder eine stabile Partnerschaft. Meine Frau und ich konnten bereits unsere Gnadenhochzeit feiern. Viele gute Freunde sind auch viel wert. Genügend soziale Kontakte zu haben und sich daran erfreuen zu können.

Wie haben Sie in Ihrem Leben Stress, Ärger, Ängste, Konflikte und Krisen bewältigt?

Ich bin von meinem Naturell her eher ein ruhiger, sachlicher Mensch. Eigentlich auch immer ganz gelassen. Ich bin meist mit viel Ruhe und Gelassenheit an alles herangegangen. Konnte gut alles nehmen, wie es kam. Viel Ärger gab es in meinem Leben nicht.

Was raten und wünschen Sie den heute jungen Menschen?

Sport zu treiben auf jeden Fall! Meine ganz große Leidenschaft ist das Kanufahren; und der Zusammenhalt der Freunde im Kanuverein bedeutete mir immer ganz viel. Dass sie Gemeinschaft und Kameradschaft erleben, wünsche ich den Jungen. Und ich kann ihnen nur sehr ans Herz legen sich viel Zeit zu nehmen, um in der Natur zu sein und sich zu bewegen.

Was ist Ihrer Ansicht nach der Sinn des Lebens?

Mein fester Glaube und ein wirklich unerschütterliches Gottvertrauen geben meinem Leben einen Sinn.

Was bedeutet Glück für Sie?

Da gibt es so vieles. Ich habe so viel Glück: meine Frau, unsere harmonische Ehe, die Kinder und Schwiegerkinder, die Enkel. Das ist schon ein Geschenk! Ein großer Reichtum!

Haben Sie noch Träume und Wünsche?

Ich habe doch keine hohen Ansprüche und Erwartungen mehr, weil ich ja auch alles habe, was ich brauche. Meine Familie ist ein Segen. Ich hoffe, mir bleibt noch etwas Zeit im Kreise meiner Familie. Das wäre schön.

Hildegard Kinschert

Die Naturverbundene

Hildegard Kinschert wurde 1915 in Berlin geboren. Dort hat sie ihr gesamtes Leben verbracht. Sie war verheiratet und arbeitete als Sachbearbeiterin in verschiedenen Büros. Ihre beste Freundin Inge ist beim Interview anwesend. Diese besucht sie fast täglich. Für mich ist es schön und besonders ein wenig von der vertrauensvollen Atmosphäre mitzubekommen, die zwischen den beiden Freundinnen herrscht. Das Gespräch gleicht eher einem gemütlichen Kaffeekränzchen im Kreise alter Bekannter als einem Interview. Ich fühle mich nicht nur willkommen, sondern so, als würde ich dazugehören. Und das ist unbedingt als Kompliment an die Gastgeberin und ihre Freundin zu verstehen. In einer ausgesprochen schönen, lichtdurchfluteten Seniorenresidenz treffe ich auf eine der gastfreundlichsten Interviewpartnerinnen.

Warum, glauben Sie, sind Sie so alt geworden?

Das sind bei mir ganz eindeutig die Gene! Mein Opa wurde dazumal schon 98 Jahre alt. Meine Mutter 93 einhalb. Mein Vater fiel im Krieg, doch auch in seiner Familie sind viele sehr alt geworden. Und meine Schwester wurde auch 102 Jahre alt.

Was ist Ihrer Auffassung nach das Wichtigste im Leben?

Zu den wichtigsten Dingen zählt natürlich eine stabile Gesundheit und ein robustes Immunsystem zu haben. Ein bisschen Geld ist auch nicht schlecht, damit man nicht darben muss. Aber noch viel wichtiger ist, dass man, wann immer man möchte, in der Natur sein kann. Das ist wichtig sowohl für den Körper als auch für die Seele. Ich war immer ganz viel im Wald und an der frischen Luft. Es gibt nichts Besseres, als in der Natur zu sein. Und das war ich immer und bin es heute noch. Obwohl oder gerade weil ich ein Großstadtkind bin.

Wie haben Sie in Ihrem Leben Stress, Ärger, Ängste, Konflikte und Krisen bewältigt?

Es gehört ja dazu im Leben. Das darf nur nicht zu viel Raum einnehmen. Ich habe immer versucht schnell wieder auf andere Gedanken zu kommen, wenn es mal Ärger gab. Zum Beispiel, indem ich in meinen geliebten Wald ging. An der frischen Luft ist alles schnell vergessen.

Was raten und wünschen Sie den heute jungen Menschen?

Ich rate alles zu meiden, was abhängig macht. Zigaretten, Alkohol und auch dieses Gift, die Drogen. Am besten alles weglassen. Und stattdessen gesundheitsbewusst und naturverbunden leben. Nur leider hören die Jungen da sowieso nicht drauf und machen doch, was sie wollen. Aber das ist wohl auch normal und gut so. Wir waren doch auch mal jung. Na, Sie sind es ja sogar noch. Sie sind Mitte 40, ich habe fast 60 Jahre mehr auf dem Buckel.

Was ist Ihrer Ansicht nach der Sinn des Lebens?

Dass man alles, was man erlebt, auch bewusst erlebt und immer ganz bei dem ist, was man gerade tut. Wenn man immer klar und wach und aufmerksam ist, macht das Leben viel mehr Spaß. Man erlebt alles viel stärker, viel intensiver, viel echter. Jetzt im Alter erinnert man sich an all die vielen bewussten und intensiven Erfahrungen und trägt einen Schatz in sich, den Schatz der Erinnerungen.

Was bedeutet Glück für Sie?

Wenn ab und zu mal ein Wunsch in Erfüllung geht, dessen Erfüllung man gar nicht wirklich erwartet hat. Es ist dann so etwas wie ein Bonus, eine Zugabe. So wie mein Bonus an Jahren, den ich jetzt noch bekomme.102 Jahre alt zu sein, dabei gesund, und alles zu haben, was man braucht. Ja, das ist schon ein großes Glück. Und meine liebe Freundin, das nette Personal hier; ich bin sehr froh und dankbar.

Haben Sie noch Träume und Wünsche?

Ich wünsche mir und glaube auch ganz fest daran, dass meine lieben Mitbewohner und ich hier noch lange in Gesundheit zusammenleben können. Ich wünsche mir auch, dass, wenn meine Stunde gekommen ist, ich nicht leiden muss. Dass der Tod dann irgendwann schnell über die Bühne geht. Ja, das wäre das Beste. Darauf vertraue ich. Aber solange machen wir es uns noch gemütlich, nicht wahr, Inge?

Margarete Ester

Die Entschlossene

Margarete Ester wurde 1916 in Unna-Königsborn geboren. Sie hatte fünf Geschwister. Sie war verheiratet – ihr Ehemann war Doktor der Chemie – und kümmerte sich als Mutter und Hausfrau um die gemeinsame Tochter. Sie besticht im Gespräch durch ihre ausgesprochene Klarheit und Entschlossenheit. Ihre Antworten kommen ohne einen Moment des Zögerns. Zeit ihres Lebens wurde sie von allen „Grete" genannt.

Warum, glauben Sie, sind Sie so alt geworden?

Weil ich ein fröhlicher Mensch mit festem Gottvertrauen bin und gerne singe. Habe lange in einem evangelischen Kirchenchor gesungen.

Was ist Ihrer Auffassung nach das Wichtigste im Leben?

Anderen zu helfen und für andere da zu sein, wenn es nötig ist. Das Singen war für mich auch immer sehr wichtig und wohltuend.

Wie haben Sie in Ihrem Leben Stress, Ärger, Ängste, Konflikte und Krisen bewältigt?

Ich hatte immer viele liebenswerte, enge Freunde mit viel Verständnis. Mit denen konnte ich immer über alles sprechen. Dann war der Ärger schnell vergessen. Haben Sie noch eine Frage?

Was raten und wünschen Sie den heute jungen Menschen?

Die sind heute alle so anders, dass unsereins da gar nichts raten kann. Aber wenn Sie jetzt gern etwas hören wollen, dann sage ich christlich leben. Also mit Nächstenliebe anderen begegnen. Menschlichkeit und Verständnis zeigen.

Was ist Ihrer Ansicht nach der Sinn des Lebens?

Sich freuen können. Fröhlichkeit und Freude. Glücklich sein und sein Glück genießen. Und lernen nicht zu verzagen, wenn man mal Pech hat. Dann ist man einfach insgesamt zufriedener. War es das?

Was bedeutet Glück für Sie?

In gutem Einvernehmen mit allen Menschen in seinem Umfeld leben zu können. Menschen um sich herum haben, mit denen man sich versteht und auf die man sich immer verlassen kann. Das Singen im Chor hat mich auch immer glücklich und froh gemacht.

Haben Sie noch Träume und Wünsche?

Ich möchte immer heiter und zufrieden bleiben und wünsche mir, dass meine Tochter weiterhin jeden Tag kommt. Es ist toll so eine Tochter zu haben. Dafür bin ich dankbar.

Elfriede „Elfi“ Zakrzynski

Die Couragierte

Elfriede Zakrzynski, geboren 1917 in Berlin, musste schon mit 13 Jahren die Schule verlassen, um Geld zu verdienen. Sie machte eine Ausbildung zur Konditoreiverkäuferin und arbeitete „mit Häubchen und Schürze“ in einer Konditorei in der Nähe der Straße „Unter den Linden“. Sie heiratete und bekam einen Sohn, ihr Ehemann fiel im Zweiten Weltkrieg. Sie erinnert sich sehr gerne an viele schöne Reisen, die sie mit der Familie und später mit ihrem Lebensgefährten unternommen hat. Sie gibt mehrfach an zwar nicht besonders religiös oder gar fromm zu sein, aber immer daran geglaubt zu haben, dass sie einen guten Schutzengel hat. Frau Zakrzynski bietet mir in ihrer herzlichen, unkomplizierten Art direkt das Du an: „Darf ich ‚Du‘ sagen? Kannst Elfi zu mir sagen oder auch Frau Zacki, wie hier alle sagen!“ Wir haben einen wunderschönen Nachmittag, auch weil „Frau Zacki“ so viele wunderschöne, zum Teil herzzerreißend schöne Anekdoten aus ihrem bewegten Leben zum Besten gibt. Ich werde nie im Leben mehr vergessen, was sie mich über Courage und Verantwortung gelehrt hat. Danke, Elfi!

Warum, glaubst du, bist du so alt geworden?

Ich habe mir selbst oft die Frage gestellt. Ganz oft schon. Ich wusste gar nicht, dass man wirklich so alt werden kann. Also 100 Jahre, ein Monat, zwei Wochen und vier Tage. Aber Spaß beiseite; ich denke wirklich, dass es daran liegt, dass es in meinem Leben eine Zeit gab, und ich spreche über einen Zeitraum von immerhin mehreren Jahren, in der ich viel gehungert habe, Rei! Richtig gehungert! Gut, dass du das nicht kennst! Aber ich bin überzeugt davon, dass mich das stark gemacht hat und robust.

Was ist deiner Auffassung nach das Wichtigste im Leben?

Man sollte, nein, man muss besonnen und überlegt handeln. Bleib besonnen, Junge! Oder werde es! Immer erst einmal tief Luft holen, dann kurz überlegen, aber auch nicht zu lange! Und dann mit Vollgas auf das Ziel zu! Sich auch mal etwas trauen, mutig sein.

Wie hast du in deinem Leben Stress, Ärger, Ängste, Konflikte und Krisen bewältigt?

Ich hatte nie Ärger und Stress; oder ganz, ganz wenig, besser gesagt. Ich habe immer versucht, meinen gesunden Menschenverstand zu benutzen und klug und besonnen zu handeln. Dann trifft man auch die richtigen Entscheidungen und hat hinterher keinen Ärger und keine großen Konflikte. Und manchmal sagt man auch einmal ein falsches Wort oder einen falschen Satz, weil man wütend ist oder verletzt oder einfach, weil man recht haben will. Das kommt ja vor, wir sind ja alle nur Menschen. Wichtig ist, dass man hinterher den Kopf unter den Arm nehmen kann und um Entschuldigung bitten kann. Überall, auf der Arbeit oder in der Partnerschaft, ganz egal, wenn du Mist gebaut hast oder ungerecht warst, dann musst du auch die Courage haben und dich entschuldigen können! Eigentlich hast du die Menschen doch lieb, sonst wärst du ja gar nicht so wütend und verletzt. Das ist ja oft alles nur passiert, gerade weil ihr euch so liebt. Oder euch eigentlich wertschätzt, wenn es im beruflichen Umfeld passiert. Denke immer daran, mein Junge, dass du immer auch die Courage hast von deinem hohen Ross abzusteigen und ehrlich zu sagen: „Da hab ich Mist gebaut" oder „Das tut mir leid" oder auch einfach „Mensch, ich hab dich doch lieb" oder „Du bist doch mein Freund." Am besten noch am gleichen Tag; aber das gelingt natürlich nicht immer. Courage! Courage! Nächste Frage!

Was rätst und wünschst du den heute jungen Menschen?

Esst weniger Fleisch! Oder gar keins, wenn ihr ohne leben könnt. Oder versucht wenigstens den Fleischverzehr ganz deutlich zu reduzieren. Die Massentierhaltung muss aufhören. Das Leiden von den Schweinen und Hühnern, das muss aufhören! Diese armen Geschöpfe, das macht mich so traurig. Das macht mich so hilflos. Wieso tut ihr da nicht mehr; das geht so nicht. Ich darf daran gar nicht denken (*Elfi weint*). Außerdem macht Fleisch das Blut dick und gefährdet die Gesundheit.

Was ist deiner Ansicht nach der Sinn des Lebens?

Klug und vernünftig handeln, um mehr Ruhe und Nächstenliebe in die Welt zu bringen. Wir müssen mehr Liebe in diese Welt, unter die Leute, in die Gesellschaft bringen. Das ist so einfach, so simpel und das weiß doch jeder, der das Herz am rechten Fleck hat. Der Sinn des Lebens ist die Liebe. Was denn sonst?

Was bedeutet Glück für dich?

Etwas zu erhalten, womit man nicht gerechnet hat. Das ist Glück! Etwas lernen zu können. Vielleicht sogar im Alter noch etwas ganz Neues zu lernen. Vielleicht etwas, das man in der Jugend schon gern gelernt hätte? Eine Erkenntnis gewinnen. Gemeinschaft erleben können mit anderen Menschen. Unverhofft Besuch bekommen. Wie heute! Brauchst du noch mehr? Wenn ja, musst du in ein paar Tagen noch einmal kommen. Vielleicht fällt mir ja in den nächsten Tagen noch etwas ein. Aber das Wichtigste hatten wir schon, denke ich.

Hast du noch Träume und Wünsche?

Nie Schmerzen erleiden zu müssen. Ich hatte nie Schmerzen und bis auf Kleinigkeiten war ich immer sehr gesund, deshalb habe ich wohl auch am meisten Angst davor Schmerzen zu bekommen. Ja, das wünsche ich mir sehr, nicht leiden zu müssen, nie Schmerzen zu haben. Da musst du die Daumen drücken! Aber ich habe ja auch noch meinen Schutzengel. Der passt auf! Mein Junge, mehr ist es nicht, was man sich wünscht mit über 100 Jahren. Kannst du sicher gar nicht verstehen, oder?

Alice Sassen

Die Beständige

Alice Sassen, geboren 1920 in Trier, wuchs in Saarbrücken auf. Nach dem Abitur wollte sie Sprachen studieren, doch ihre Pläne wurden durch den Zweiten Weltkrieg durchkreuzt. Während des Krieges arbeitete sie für die Post, was sie im Nachhinein als „Glück" bezeichnet. 1945 heiratete sie ihren Verlobten, der verwundet im Lazarett lag, und ging nach dem Krieg mit ihm, einem Architekten, nach Münster, wo sie bis heute lebt. Das Paar bekam eine Tochter.

Warum, glauben Sie, sind Sie so alt geworden?

Weil ich nie geraucht habe und ich immer gern ein Glas Bier oder ein Gläschen Wein getrunken habe. Und das auch heute noch tue! Ich habe immer gesundheitsbewusst gelebt, nie viele Pillen geschluckt. Das wollte ich nie und habe ich auch eigentlich so gut wie nie benötigt.

Was ist Ihrer Auffassung nach das Wichtigste im Leben?

Gesundheit natürlich, aber noch wichtiger ist eine gute Partnerschaft. Mein Ehemann und ich haben eine sehr glückliche Ehe geführt. Es ist auch gut immer erstmal eine positive Einstellung zu allem einzunehmen und mit viel Wohlwollen und ohne Vorurteile an alles heranzugehen.

Wie haben Sie in Ihrem Leben Stress, Ärger, Ängste, Konflikte und Krisen bewältigt?

Das Schlimmste war der Tod meines Mannes. Aber auch das habe ich mit meiner positiven Grundeinstellung bewältigt. Er fehlt mir so, auch nach all den Jahren noch. Aber da muss man dann lernen das auszuhalten und zu nehmen, wie es ist. Es gibt auch Dinge, die man nicht ganz bewältigen und überwinden kann, mit denen man leben muss.

Was raten und wünschen Sie den heute jungen Menschen?

Vernünftig leben! Diszipliniert leben. Und eine positive Einstellung annehmen. Damit man auch tragende und beständige Freundschaften aufbauen kann. Die geben einem Halt, Sicherheit und Stärke. Nach einer guten, dauerhaften Partnerschaft streben, nicht mal hier eine Liebelei und mal da. Nicht so flatterhaft leben, diszipliniert leben.

Was ist Ihrer Ansicht nach der Sinn des Lebens?

Bewusst zu leben, damit man auch spürt, dass man lebt. Einen Glauben zu haben, Vertrauen zu haben. Ich bin nicht sehr religiös, aber wenn es mir schlecht geht, bete ich. Und es hilft! Sinn ist auch Verantwortung zu übernehmen und Gewissensbildung, damit man vor sich selbst bestehen kann. Damit ich weiß, was ich tue und dass das, was ich tue, von meiner Anschauung her das Richtige ist. Man darf nicht gegen seine eigene Überzeugung leben und handeln, dann empfindet man das Leben immer als sinnvoll.

Was bedeutet Glück für Sie?

Innige menschliche Kontakte zu haben, innerhalb und auch außerhalb der Familie, zu Menschen, die aufrichtig und ehrlich sind, auf die man sich verlassen kann. Eine glückliche Partnerschaft. Mein Mann ist ja schon seit Jahren tot und ich entbehre ihn sehr; aber ich zehre heute noch von meiner glücklichen Ehe. Wir waren sehr glücklich.

Haben Sie noch Träume und Wünsche?

Nicht unzufrieden zu werden; nicht verbittert zu werden. Es ist nicht so leicht in einem Altersheim. Viele sind dement. Ich bin eigentlich sehr menschenfreundlich und hätte den Wunsch, auch hier noch Freundschaften zu schließen. Und noch einen ganz konkreten Wunsch habe ich: Noch einmal an einen schönen See zu reisen, mich dort an das Ufer zu setzen und das Glitzern und Schimmern wahrzunehmen und zu fühlen (*Frau Sassen ist fast blind*). Auf jeden Fall aber möchte ich, solange ich lebe, so oft wie möglich an die frische Luft. Im Park sitzen und den Wind auf den Wangen spüren.

Thea Tenhumberg

Die Starke

Thea Tenhumberg wurde 1914 geboren, war verheiratet und hatte keine eigenen Kinder, allerdings brachte ihr Ehemann Kinder mit in die Ehe. Das Interview fiel ihr aus gesundheitlichen Gründen sehr schwer, doch sie mobilisierte alle Reserven, um das Gespräch auf jeden Fall zu Ende zu bringen. Thea Tenhumberg war zum Zeitpunkt des Interviews die älteste Bürgerin ihrer 23 000 Einwohner zählenden Heimatstadt in Nordrhein-Westfalen. Sie starb wenige Tage nach unserem Gespräch.

Warum, glauben Sie, sind Sie so alt geworden?

Ich weiß es wirklich nicht. Zwischendurch habe ich immer mal wieder geglaubt eine konkrete Antwort auf diese Frage gefunden zu haben, aber mittlerweile tendiere ich eher dazu zu sagen, dass es einfach Zufall ist oder Glück. Die Gene können es in meinem Fall nicht sein!

Was ist Ihrer Auffassung nach das Wichtigste im Leben?

Heute ist für mich das Wichtigste, dass ich meinen Verstand noch habe und dass ich ihn noch lange gebrauchen kann. Das ist das Wichtigste für mich. Und generell würde ich sagen, dass es wichtig ist im Leben seinen Verstand und seine Talente zu nutzen.

Wie haben Sie in Ihrem Leben Stress, Ärger, Ängste, Konflikte und Krisen bewältigt?

Ich habe immer versucht ruhig zu bleiben in allen Lebenslagen und meistens ist es gelungen. Und Stress? Ich weiß gar nicht, was Stress ist, ehrlich gesagt. Stress kenne ich nicht.

Was raten und wünschen Sie den heute jungen Menschen?

Etwas raten? Das tue ich nicht, nein. Das ist heute eine ganz andere Welt, ein ganz anderes Leben. Davon habe ich keine Ahnung. Deshalb will ich auch nicht einfach generell etwas raten oder empfehlen. Und was soll ich wünschen? Dass sie ein schönes Leben haben, ihr Auskommen, dass die Welt friedlich bleibt und ihnen Kriege erspart bleiben.

Was ist Ihrer Ansicht nach der Sinn des Lebens?

Dafür zu sorgen, dass man selber ein gutes Leben hat, und die Angehörigen auch. Und lernen, auch durchzuhalten, wenn mal nicht alles so rosig ist. So wie bei mir zur Zeit.

Was bedeutet Glück für Sie?

Wenn ich so darüber nachdenke, wird mir klar, dass ich eigentlich immer glücklich war. Wir hatten es auch nicht immer leicht, aber vieles war früher auch besser. Es ging noch nicht alles so in diesem rasanten Tempo.

Haben Sie noch Träume und Wünsche?

Nein, gar nicht. Einfach nur noch ein wenig dazwischen sein, manchmal Besuch bekommen, ein bisschen was Neues hören, so etwas! So kleine Sachen eben, nichts Spektakuläres mehr.

Dr. Rosemarie Burger

Die Humorvolle

Frau Dr. Burger wurde 1912 in Beuthen geboren. Sie hatte zwei Schwestern, war verheiratet und hat sechs Kinder. Von Beruf war sie Ärztin. Eine humorvolle Art zeichnet sie aus. Aus terminlichen Gründen habe ich das Gespräch mit ihr um eine Woche vorverlegen müssen. Direkt bei meiner Ankunft bitte ich sie um Entschuldigung wegen der kurzfristigen Terminverlegung, worauf sie herzlich lachend sagt: „Ach, das ist denke ich ganz gut, dass Sie ein paar Tage früher gekommen sind; denn nächste Woche hätten sie mich vielleicht schon nicht mehr angetroffen. Wissen Sie, wie alt ich bin?"

Warum, glauben Sie, sind Sie so alt geworden?

Das liegt wahrscheinlich an den Genen. Sehr viele meiner Verwandten haben ein hohes Lebensalter erreicht. Es gibt eine Menge Personen in unserer Familie, die im Alter lange gesund, vital und eigenständig waren.

Was ist Ihrer Auffassung nach das Wichtigste im Leben?

Das Wichtigste ist zu lernen. Zu lernen mit allem fertig zu werden, was im Leben kommt oder kommen kann. Das ist nicht leicht, aber nach meiner Überzeugung kann das fast jeder schaffen, wenn er nur dranbleibt, konsequent dranbleibt und nicht zu früh aufgibt. Es ist ein gutes Gefühl, wenn man spürt, dass man stark ist und sich auf seine erlernten Fähigkeiten verlassen kann. Dadurch entsteht ein gutes Selbstvertrauen. Man hat weniger Angst; und das wiederum ist gut für die Gesundheit und steigert die Lebensqualität.

Wie haben Sie in Ihrem Leben Stress, Ärger, Ängste, Konflikte und Krisen bewältigt?

Das ist ganz einfach! Ärger, Streit und Konflikten kann man nur mit Gelassenheit begegnen. Gelassenheit, Gelassenheit und noch einmal Gelassenheit.

Was raten und wünschen Sie den heute jungen Menschen?

Jeder Mensch hat besondere Fähigkeiten. Leider haben nicht alle die gleichen Möglichkeiten, aber Fähigkeiten hat jeder. Herauszufinden, was diese individuellen Fähigkeiten sind, das sollten sich die jungen Menschen zum Ziel setzen. Herausfinden, was einem liegt, worin man talentiert ist und was man mit besonders viel Freude und Interesse macht, das ist ganz wichtig. Und wenn man entdeckt hat, was das ist, was einem liegt, dann sollte man auch versuchen etwas daraus zu machen. Man sollte seine Talente auch nutzen, seine Fähigkeiten anwenden.

Was ist Ihrer Ansicht nach der Sinn des Lebens?

Im Prinzip dasselbe wie gerade schon gesagt; sich seinem Wesen, seinem Charakter und seiner Art entsprechend zu entwickeln und zu wachsen. Und immer die Bereitschaft zu haben zu lernen und neue Erkenntnisse zu gewinnen. Auch im fortgeschrittenen Alter noch. Ja, ich denke, das könnte der Sinn des Lebens sein.

Was bedeutet Glück für Sie?

Wenn man Begabungen hat und Eltern, die einen darin fördern und dabei unterstützen diese Begabungen auch nutzen zu können. Ich hatte solche Eltern. Sie waren sehr streng, aber in diesem Punkt konnte ich mich auf sie verlassen. Sie haben mich gefördert, mich unterstützt und mir den Rücken gestärkt. Sie haben mich auf den Weg gebracht und dafür bin ich ihnen sehr dankbar.
Ich hoffe und wünsche Ihnen, dass Sie auch solche Eltern haben. Das ist ein großes Glück, ein wertvoller Schatz, das prägt einen ein Leben lang.

Haben Sie noch Träume und Wünsche?

Mein Wunsch ist bis zum Schluss so gesund zu bleiben, wie ich jetzt noch bin. Ich möchte sozusagen gesund sterben. Einfach so zu sterben von einem Moment auf den anderen ganz ohne Krankheit. Ja, das wünsche ich mir sehr und ich bin zuversichtlich, dass es so kommt.

Irmgard Rocke

Die Bescheidene

Irmgard Rocke wurde 1919 geboren. Sie heiratete 1942, bekam eine Tochter, ihr Mann fiel jedoch im Krieg. Nach der erneuten Heirat gegen Ende des Zweiten Weltkrieges war sie beruflich als Filialleiterin im Handel tätig. Bis ins hohe Alter arbeitete sie gern und viel im Garten. Im Laufe des Interviews äußerte sie ihre Verwunderung darüber, dass ausgerechnet sie zu ihrem Leben befragt werde, sei es doch ein ganz „normales Leben" gewesen.

Warum, glauben Sie, sind Sie so alt geworden?

Ich hatte ein ruhiges und doch auch abwechslungsreiches Leben. Das könnte der Grund sein.
Ich war auch ganz viel draußen, der Garten war meine große Leidenschaft.

Was ist Ihrer Auffassung nach das Wichtigste im Leben?

Gesund zu sein und zufrieden mit dem zu sein, was man hat. Sich daran zu erfreuen. Dankbar zu sein. Wichtig ist weiterhin, dass man auch offen bleibt für Neues und flexibel ist. Ich habe zum Beispiel sowohl im Westen als auch im Osten Deutschlands gelebt. Und mich überall wohlgefühlt.

Wie haben Sie in Ihrem Leben Stress, Ärger, Ängste, Konflikte und Krisen bewältigt?

Ich bin ein zufriedener Mensch. Ich gehöre nicht zu den Leuten, denen man nie etwas recht machen kann. Deshalb hatte ich wenig Ärger und Konflikte. Und Stress schon mal gar nicht.

Was raten und wünschen Sie den heute jungen Menschen?

Ein geordnetes, ruhiges Leben zu führen – ein geregeltes Leben mit Struktur.

Was ist Ihrer Ansicht nach der Sinn des Lebens?

Ach, der Sinn? Das weiß ich nicht. Was wichtig ist, habe ich Ihnen ja schon eben bei der zweiten Frage gesagt. Ich bin doch ein ganz einfacher Mensch und habe nur ein ganz normales Leben geführt; da kann ich Ihnen doch nicht, erklären was der Sinn des Lebens ist.

Was bedeutet Glück für Sie?

Ich habe eine tolle Tochter. Und auch insgesamt ist in der Familie – auch mit den Enkeln – alles sehr harmonisch. Das ist für mich Glück. Gerade jetzt, wo man ja hier und da schon einmal auf Hilfe angewiesen ist.

Haben Sie noch Träume und Wünsche?

Es möge gesundheitlich alles noch eine Zeitlang so weitergehen. Ich wünsche mir, dass alles so harmonisch und schön bleibt. Ich habe eine tolle Tochter, die sicher auch weiterhin gut für mich sorgt. Was will ich denn noch mehr? Was sollte ich mir denn sonst noch wünschen?

Marianne Engelskircher

Die Ausnahme

Marianne Engelskircher wurde 1923 in Berlin geboren. Sie war verheiratet und Mutter von zwei Kindern. Neben ihrer Tätigkeit als Hausfrau und Mutter war sie viele Jahre lang im Rathaus Schöneberg als Sekretärin beschäftigt. Deshalb konnte sie auch direkt dabei sein, als US-Präsident John F. Kennedy 1963 den berühmten Satz „Ich bin ein Berliner!" auf dem Balkon des Rathauses Schöneberg sprach. Frau Engelskircher klopft leise an die Tür eines Aufenthaltsraumes des Seniorenheimes, in dem sie lebt, in welchem ich gerade damit beschäftigt bin, mir Notizen zu einem vorherigen Interview zu machen. „Im Haus sagt man, hier sei jemand unterwegs, der ein Buch schreibt und deshalb Interviews mit älteren Menschen führt. Auf dem Flur hat mir gerade eine andere Bewohnerin gesagt, darum solle ich mich nicht kümmern, ich sei zu jung dafür. Ich mit meinen 94 Jahren hätte nie im Leben gedacht, dass ich jemals in meinem Leben noch einmal wieder für irgendetwas zu jung sein könnte! Umso mehr interessiert mich, worum es geht." Sie bringt mich mit ihrer Bemerkung zum Lachen und ich bitte sie herein. Nachdem ich ihr erläutert habe, dass gemäß dem Portfolio dieses Projekts ein Mindestalter von 98 Jahren Voraussetzung ist, frage ich sie, ob sie denn Lust hätte teilzunehmen, wenn ich bei ihr eine Ausnahme machen würde. Sie sagt sofort: „Ja, sehr gern, aber jetzt bin ich ganz schön aufgeregt", und nimmt neben mir Platz. Eine außergewöhnlich symphatische und liebenwerte Frau, für die ich sehr gern eine Ausnahme gemacht habe.

Warum, glauben Sie, sind Sie so alt geworden?

Ich hatte immer eine sinnvolle Aufgabe, war immer gut beschäftigt. Das war gut für mich und hat der Gesundheit, besonders der psychischen Gesundheit, bestimmt nicht geschadet. Später musste ich mich auch um meinen Mann kümmern, der schwerbehindert war. Das habe ich sehr gern gemacht und hätte es gerne noch viel länger getan, aber leider ist er letztes Jahr verstorben.

Was ist Ihrer Auffassung nach das Wichtigste im Leben?

Dass man immer oder meistens beschäftigt ist mit sinnvollen Dingen und manchmal auch ein wenig Abwechslung hat; aber nicht zu viel. Das bringt einen durcheinander. Die Struktur geht verloren, wenn zu viel gleichzeitig passiert um einen herum. Aber immer eine Beschäftigung zu haben, ja, das finde ich sehr wichtig. Herumsitzen und grübeln macht nur nervös und unglücklich.

Wie haben Sie in Ihrem Leben Stress, Ärger, Ängste, Konflikte und Krisen bewältigt?

Es mag Sie erstaunen und ist vielleicht auch sehr verwunderlich: Aber das hatte ich wirklich nie. Nicht an einem einzigen Tag. Ängstlich war ich als Kind vielleicht, und jetzt im Alter, wo man gebrechlicher wird, ist man schon ein wenig vorsichtiger, aber Angst kann man das nicht nennen. Und Krisen, ja, wenn man so will, war es natürlich eine Krise, als mein Mann starb. Aber in unserem hohen Alter darf man sich doch nicht beschweren.

Was raten und wünschen Sie den heute jungen Menschen?

Ein Rat wäre vermessen und unangebracht. Die jungen Leute denken und leben so ganz anders als ich. Trotzdem liebe ich junge Leute. Ihre Jugendlichkeit lässt uns manches Mal an die eigene Jugend denken. Das ist doch erfrischend. Ich wünsche den jungen Leuten, dass sie wertschätzen können, wie schön es ist jung zu sein, gerade in einer solchen Zeit, wie wir sie jetzt erleben. Alle sind frei und haben alles, was sie brauchen. Das war nicht immer so.

Was ist Ihrer Ansicht nach der Sinn des Lebens?

Danach hat mich noch keiner gefragt. Ich war eben da. Mir ging es nie schlecht und ich habe dafür gesorgt, dass es den anderen um mich herum auch gutgeht. Das reicht doch. Reicht das nicht? Füreinander da sein, sich liebhaben, nicht allein sein. Ist das nicht der Sinn? Wie ist denn Ihre Meinung dazu?

Was bedeutet Glück für Sie?

Eine glückliche Ehe oder Partnerschaft. Auch gleichgeschlechtliche Partnerschaften, die schließe ich da ein. Wenn man sich lieb hat und der eine für den anderen da ist, ja, das ist Glück. Und Frieden in der Familie. Viele liebe Freunde. Mit den Skatfreunden meines Mannes und deren Partnerinnen haben wir ganz viel Zeit verbracht und so viel gelacht. Dann habe ich mich immer glücklich und beschenkt gefühlt, wenn wir zusammen waren. Besonders als die Kinder aus dem Haus waren, so waren wir nicht allein. Aber die Kinder haben sich schon auch gut gekümmert. Das möchte ich unbedingt noch sagen. Dafür bin ich so dankbar.

Haben Sie noch Träume und Wünsche?

Es ist ziemlich einsam geworden um mich herum, seit mein Mann nicht mehr da ist. Das wird sich auch wohl nicht mehr ändern. Ich wünsche mir aber, dass ich mich noch besser daran gewöhne. Weiterhin so gut und liebevoll betreut zu werden, das wünsche ich mir natürlich auch. Daran habe ich aber auch gar keinen Zweifel. Habe ich Ihnen jetzt damit weitergeholfen oder wollten Sie etwas ganz anderes hören?

Elisabeth Basting

Die Mitfühlende

Elisabeth Basting wurde 1920 in Oberfranken geboren. Ihr Vater war „Wachtmeister im Zuchthaus", wo die Familie auch lebte. Sie heiratete 1940 und kam unmittelbar nach dem Krieg mit ihrem Mann, ihren zwei Kindern und ihren Schwiegereltern in den völlig zerstörten Stadtkern von Münster. Dort gründete und betrieb die Familie später eine eigene Metzgerei. Sie wisse, was es bedeute, wenn man nichts hat „als die Kleider am Leib und um einen herum nur Trümmer, Trümmer und nochmal Trümmer sind", betont sie. Sie findet es selbstverständlich Flüchtlingen aus Kriegs- und Krisengebieten zu helfen und alles nur Mögliche zu tun, um sie beim Aufbau einer neuen Existenz zu unterstützen. „Ich fühle mit diesen armen Menschen, weil ich weiß, was das bedeutet", beteuert die alte Dame immer wieder.

Warum, glauben Sie, sind Sie so alt geworden?

Ich war schon immer ein Wunderkind. Ich wurde viel zu früh geboren, weil meine Mutter sich so aufgeregt hat darüber, dass meinem Vater zwei Häftlinge (aus dem Zuchthaus) ausgebüxt waren. Trotzdem konnte ich mit 5 Monaten stehen und mit 9 Monaten laufen. Habe nie geraucht, nie gesoffen, immer eigenes Gemüse gegessen. Und allem Anschein nach hat der Bandlhuber (*fränkisch für „Sensenmann"*) mich wohl vergessen.

Was ist Ihrer Auffassung nach das Wichtigste im Leben?

Wie man in den Wald hineinruft, so kommt's zurück! Das Wichtigste ist, sich anständig anderen gegenüber zu verhalten.

Wie haben Sie in Ihrem Leben Stress, Ärger, Ängste, Konflikte und Krisen bewältigt?

Ich bin immer mit allen gut ausgekommen; besonders mit meinem Mann. Wir sind immer im Gespräch geblieben. Das ist wichtig; immer über alles reden! Funkstille oder wie man das heute nennt gab es bei uns nie.

Was raten und wünschen Sie den heute jungen Menschen?

Lernt, dankbar zu sein. Lasst euch was sagen. Seid immer bereit, noch dazuzulernen, von anderen zu lernen, auch wenn ihr es schon weit gebracht habt.

Was ist Ihrer Ansicht nach der Sinn des Lebens?

Man ist eben da und darf leben. Das ist ein Geschenk! Ist das nicht Sinn genug?

Was bedeutet Glück für Sie?

Gesundheit, klar im Kopf zu sein. Zufriedenheit. Sich an dem erfreuen, was man hat. Sein Auskommen haben, das reicht. Luxus brauche ich nicht. Wenn das Leben einfach ist, unkompliziert, wenn man sich an den kleinen Dingen erfreut.

Haben Sie noch Träume und Wünsche?

Dass ich nicht deppert werde und weiterhin lesen kann. Ich lese jeden Tag die Zeitung gründlich von vorne bis hinten. Die Zeit habe ich ja jetzt, und das genieße ich. Wenn es so bleibt, bin ich mehr als zufrieden.

Maria Legge

Die Ratgeberin

Maria Legge, geboren 1919 in Siegen, verlor schon früh zwei ihrer Brüder. Ein weiterer Bruder wurde Priester und Maria Legge übernahm die Funktion seiner Haushälterin. Bedingt durch seine häufigen Versetzungen lebte sie zeitweise in Halle an der Saale, im Lippischen sowie in Hamm, wo sie 1943 heiratete, kurz bevor ihr Ehemann zum Kriegsdienst eingezogen wurde. Tragischerweise fiel ihr Mann einen Tag bevor sie die gemeinsame Tochter auf die Welt brachte.

Sie zog mit Mutter und Tochter zunächst nach Bielefeld, dann nach Münster, wo sie 1986 ihren zweiten Mann Franz heiratete. Seit dessen Tod widmet sie sich ganz ihrer mittlerweile großen Familie, nimmt aber auch an Seniorenbildungsveranstaltungen oder -reisen teil.

Warum, glauben Sie, sind Sie so alt geworden?

Ich werde gebraucht. Das Gefühl zu haben gebraucht zu werden wirkt bestimmt lebensverlängernd; und gute Gene habe ich wohl auch. Meine Mutter wurde 88 Jahre alt.

Was ist Ihrer Auffassung nach das Wichtigste im Leben?

Die Gemeinschaft mit anderen war und ist mir wichtig, besonders die Gemeinschaft und der Zusammenhalt innerhalb der Familie. Das hat mir immer viel bedeutet und ganz viel Kraft gegeben.

Wie haben Sie in Ihrem Leben Stress, Ärger, Ängste, Konflikte und Krisen bewältigt?

Ich habe mich immer bemüht, in allen Situationen ruhig und gelassen zu bleiben. Deshalb gab es nie viel Streit oder Ärger in meinem Leben. Wenn man eine intakte Familie hat, ist vieles leichter zu verkraften und zu bewältigen.

Was raten und wünschen Sie den heute jungen Menschen?

Lernen, gelassen zu sein und so vielleicht zum Vorbild für andere zu werden. Seine Lieben zu umsorgen und für sie da zu sein, das gibt den Umsorgten und auch einem selbst Ruhe.

Was ist Ihrer Ansicht nach der Sinn des Lebens?

Wie gesagt, ich habe immer versucht meine Familie ganz liebevoll zu umsorgen und das hat den anderen Ruhe geschenkt. Und das ist doch sehr sinnvoll, denke ich!? Das rate ich! Es auch so zu machen!

Was bedeutet Glück für Sie?

Dass ich nicht alleine bin und die Kinder und Enkelkinder mich besuchen und um Rat fragen. „Wie machen wir das jetzt? Wie gehen wir damit um? Was rätst du? Lass uns mal zusammen überlegen", so heißt es dann. Das ist Glück für mich.

Haben Sie noch Träume und Wünsche?

Ich will meine Gelassenheit behalten und sachlich bleiben, auch wenn es mir mal schlechter gehen sollte. Hoffentlich geht dieser Wunsch in Erfüllung.

Anny Kammermann

Die Robuste

Anny Kammermann wurde als eine von acht Geschwistern 1914 in Wadersloh auf einem Bauernhof geboren. Ihr Verlobter, mit dem sie schon für den gemeinsamen Hausstand sammelte, fiel im Krieg, danach hat es mit einer neuen Beziehung ihren Worten zufolge „nie wieder richtig gepasst". Sie kam im Krieg nach Münster zu ihrem Onkel, doch für das erhoffte Studium fehlten die finanziellen Mittel. So arbeitete sie bis zu ihrer Rente als Hutmacherin.

Warum, glauben Sie, sind Sie so alt geworden?

War immer sehr resolut, robust und ich meine auch tapfer. An Mut und Lebensfreude hat es mir nie gefehlt. Und ich habe ganz viel gelacht in meinem Leben.

Was ist Ihrer Auffassung nach das Wichtigste im Leben?

Immer das Beste aus allem machen. Seine Möglichkeiten ausschöpfen und sich vor allem nie unterkriegen lassen.

Wie haben Sie in Ihrem Leben Stress, Ärger, Ängste, Konflikte und Krisen bewältigt?

Ich habe in meinem christlichen Glauben Halt gesucht und gefunden, wenn es mal schwer war und die Dinge nicht so liefen, wie ich es mir vorgestellt hatte. In der Bibel und in Gebeten habe ich Worte des Trostes gefunden und konnte daraus Kraft schöpfen.

Was raten und wünschen Sie den heute jungen Menschen?

Alles lernen, was Spaß macht, damit man das richtig kann, und dann macht es noch mehr Spaß. Singen zum Beispiel. Ich singe für mein Leben gern. Beim Singen fühle ich mich jung und lebendig.

Was ist Ihrer Ansicht nach der Sinn des Lebens?

Freude am Leben haben. Und wie schon gesagt: Viel singen! Ich kann die ganze Julischka singen (*Frau Kammermann singt: „Die Julischka aus Budapest"*). Ganz viel Freude hatte ich auch am Reisen; ich bin viel gereist. Der Lebenssinn besteht aber auch darin Verantwortung zu übernehmen; ich war beispielsweise die Ersatzmutter für meine Nichte, deren Mama ganz früh starb.

Was bedeutet Glück für Sie?

Wenn man das Leben genießen kann, sich freuen kann, wie ich, als ich letzte Woche hier im Speisesaal einen alten Bekannten wiedergetroffen habe, den ich 60 Jahre nicht gesehen hatte. Manchmal Gesellschaft haben, aber auch gut allein sein können. Wenn man ein bisschen anders sein kann als die anderen. Ich war immer ein bisschen anders.

Haben Sie noch Träume und Wünsche?

Ich bin wunschlos glücklich. Ab und zu ein bisschen im Park sitzen und frische Luft tanken. Die kleinen Freuden reichen mir. Ich brauche nicht mehr viel und genieße trotzdem oder auch gerade deshalb das Leben noch sehr.

Charlotte Reddmann

Die Eitle

Charlotte Reddmann wurde 1918 geboren und lebte bis zum Einzug in ein Seniorenheim wenige Wochen vor unserem Gespräch im Berliner Stadtteil Prenzlauer Berg. Sie war verheiratet und bekam ein Kind, welches direkt nach der Geburt starb, was sie mit „Ich habe es überwunden, aber es war schwer" kommentiert. Sie lässt mich ein wenig warten, weil sie sich noch „herausputzen musste". Ich frage sie, ob ich schreiben darf, dass sie eitel ist. Die Antwort lautet: „Natürlich dürfen Sie, das ist doch nichts Schlechtes! Wo wir gerade dabei sind, reichen Sie mir doch noch einmal meinen Handspiegel, der da bei Ihnen liegt, herüber!"

Warum, glauben Sie, sind Sie so alt geworden?

Väterlicherseits sind schon seit Generationen die Verwandten größtenteils weit über achtzig Jahre alt geworden. Es liegt also bei uns wohl in der Familie. Eigentlich habe ich auch immer damit gerechnet und daran geglaubt sehr alt zu werden. Und deshalb ist es wohl auch so eingetroffen.

Was ist Ihrer Auffassung nach das Wichtigste im Leben?

Dass man gut ausgestattet ist für schlechte Zeiten und gut vorbereitet ist auf Krisenzeiten. Ich meine nicht das Materielle und Finanzielle, sondern die charakterlichen Eigenschaften. Dann kann man furchtlos und ohne Angst in die Zukunft blicken. Das gibt einem innere Ruhe und Kraft. Dann bleibt man auch gesund. Und eine robuste Gesundheit ist wieder ein großes Plus in Krisenzeiten.

Wie haben Sie in Ihrem Leben Stress, Ärger, Ängste, Konflikte und Krisen bewältigt?

Ach das bisschen Ärger schüttelt man ab; und dann geht's weiter. Am besten gar nicht lange daran denken und damit aufhalten. Nehmen, wie es kommt. „Glücklich ist, wer vergisst, was nicht mehr zu ändern ist!"

Was raten und wünschen Sie den heute jungen Menschen?

Die jungen Menschen müssen sich gut über alles informieren, was es gibt, und auch eine gute Bildung genießen, ob arm oder reich. Es ist so viel Schreckliches auf der Welt und besonders bei uns in Deutschland passiert, aus Unwissenheit und wegen mangelnder Bildung. Wer gut Bescheid weiß, ist gut gerüstet. Um weiterem Unglück vorzubeugen, braucht man Wissen und Bildung.

Was ist Ihrer Ansicht nach der Sinn des Lebens?

Glücklich sein.

Was bedeutet Glück für Sie?

Nicht alleine zu sein, gesund zu sein, in Frieden zu leben. Wobei der Frieden davon das Wichtigste ist. Nicht, dass wir noch einmal so schwere Zeiten durchmachen müssen. Ja, der Frieden ist das Wichtigste. Den wünscht sich doch jeder!?

Haben Sie noch Träume und Wünsche?

Träume habe ich nicht mehr. Wünsche schon: ein schönes Zimmer hier behalten und genießen können und auch die tolle „Rundumversorgung" hier. Ein paar soziale Kontakte behalten wäre schön. Weiterhin von meiner Nichte besucht zu werden. Aber auch mal in Ruhe gelassen zu werden, denn ich bin auch gern einmal allein!

Anneliese Lindner

Die Ausgeglichene

Anneliese Lindner wurde 1913 als ältestes von drei Kindern geboren. Nach dem Abitur machte sie eine Ausbildung zur MTA und arbeitete danach 40 Jahre an einer Universitätsklinik, 26 Jahre davon als leitende Röntgenassistentin in der Kinderklinik. Sie blieb ledig und lebte zusammen mit ihren Eltern, die sie bis zu deren Tod pflegte. Bis 2016 lebte sie alleine in ihrer eigenen Wohnung. Ihre Eigenständigkeit aufzugeben sei ihr sehr schwer gefallen, betont sie im Interview mehrfach; deshalb zog sie wohl auch erst im Alter von 103 Jahren in ein Seniorenheim. Frau Lindner zeigt sich ausgesprochen freundlich und offen während des Gesprächs, für das sie sich den ganzen Nachmittag Zeit genommen hat. Sie wirkt sehr klar, ruhig und ausgeglichen. Ich erlebe sie als eine Persönlichkeit, die Stärke, Vitalität, Präsenz und Gelassenheit ausstrahlt.

Warum, glauben Sie, sind Sie so alt geworden?

Ich hatte eine wunderbare und behütete Kindheit. Ich war immer sehr diszipliniert, lebte solide und war häuslich. „Wie langweilig", würde man heute wohl sagen. Aber für mich war das genau richtig. Auch, dass ich immer Verantwortung hatte im beruflichen wie im familiären und ehrenamtlichen Bereich, war sicher gut für mich und hat mir das Gefühl gegeben, gebraucht zu werden. Das mag wohl auch dazu beigetragen haben, dass ich so alt geworden bin und auch so lange selbstbestimmt leben konnte.

Was ist Ihrer Auffassung nach das Wichtigste im Leben?

Dass man seine Grundsätze, seine Prinzipien, seinen Glauben hat. Dass man klare Grundsätze und Überzeugungen hat und auch danach lebt. Das ist für mich ganz klar das Wichtigste. Das hat mir immer Kraft gegeben.

Wie haben Sie in Ihrem Leben Stress, Ärger, Ängste, Konflikte und Krisen bewältigt?

Meine Mutter sagte, wenn es mal Probleme gab, immer: „Bete mal ein Vaterunser! Morgen sieht die Welt dann schon wieder ganz anders aus." Daran habe ich mich gehalten, sprich, ich habe diesen negativen Dingen nie viel Aufmerksamkeit geschenkt. Ich bin in meinem Glauben verwurzelt und habe damit mein Leben gemeistert, gerade auch das Schwere.

Was raten und wünschen Sie den heute jungen Menschen?

Die Welt von heute ist so viel anders als zu meiner Jugend, da kann man nichts raten. Vielleicht, wenn überhaupt, dass man immer ein gutes Einvernehmen mit den Menschen um einen herum anstrebt. Ja, und füreinander einsteht. Verlässlichkeit sollte man auf jeden Fall lernen. Ich finde, das ist eine ganz wichtige Eigenschaft. Das hatte glaube ich früher mehr Bedeutung als heute, meinen Sie nicht?

Was ist Ihrer Ansicht nach der Sinn des Lebens?

Dass man eine eigene Haltung entwickelt, sich eine konkrete individuelle Vorstellung von seinem Leben, wie es sein soll, entwickelt und danach lebt. Das Leben ordnen und gestalten. Dem eigenen Leben eine Struktur, eine Form geben. Verantwortung übernehmen, für sich und die anderen, ist immer sinnvoll. Ja, und singen – singen auch! Was glauben Sie, wie viele Kinderlieder ich in meinem Leben gesungen habe, um Kindern der Kinderklinik die Angst zu nehmen?

Was bedeutet Glück für Sie?

Ein geordnetes, strukturiertes und auch diszipliniertes Leben zu führen ist in meinen Augen Glück. Und wenn ich an früher denke, muss ich unbedingt sagen, dass es ein großes Glück ist, liebevolle Eltern gehabt zu haben. Gute Freundinnen zu haben, auch heute noch. Kontakt zu Kindern zu haben, wie zu Oskar, dem Sohn meiner Nachbarn. Der ist zwei Jahre alt. Oskar ist toll. Kinder sind ein Segen. Aber Glück ist auch, gut alleine sein zu können, es mit sich selbst aushalten zu können, mit sich selbst im Reinen zu sein und das auch genießen zu können.

Haben Sie noch Träume und Wünsche?

Ja, ich wünsche mir, weiterhin gut umsorgt zu sein und dass sich immer Menschen um mich kümmern und sich für mich einsetzen. Immer Menschen zu haben, die ich um Rat fragen kann. Wertschätzung zu bekommen. Und vielleicht nochmal eine kleine Wanderung machen. Ich bin im Urlaub immer viel gewandert!

Gerda Piasta

Die Dame

Gerda Piasta wurde 1914 in Berlin geboren. Als Kleinkind verlor sie ihren Vater, der im Ersten Weltkrieg fiel. Sie erlernte den Beruf der Schneiderin in einem angesehenen Atelier direkt neben dem Berliner Stadtschloss. „Die Hofkundschaft ging bei uns ein und aus", bemerkt die alte Dame, die ihre Meisterprüfung ablegte und später selbst einen über die Grenzen Berlins hinaus bekannten Modesalon als Inhaberin betrieb. Sie beschäftigte 15 Mitarbeiterinnen und zu ihren Stammkunden gehörte auch Rut Brandt, die Frau des damaligen regierenden Bürgermeisters Willy Brandt, sowie die Mitglieder der Familie Dr. Oetker. Das Varietéduo „Molly & Monroe" waren ihre Tante und ihr Onkel. Ihr Onkel wiederum war der Bruder des bekannten jüdischen Kunstmäzens Alfred Flechtheim. Gerda Piasta arbeitete bis zu ihrem 70. Lebensjahr in ihrem Schneideratelier und begann im Ruhestand zu malen.

Warum, glauben Sie, sind Sie so alt geworden?

Ich habe immer alles mit großer Freude gemacht. Meine Arbeit machte mir immer sehr viel Spaß. Mein ganzes Leben war Freude! Traurig bin ich erst jetzt mit über 100 manchmal. Einer meiner beiden Söhne ist bereits verstorben.

Was ist Ihrer Auffassung nach das Wichtigste im Leben?

Glücklich zu sein! Man muss selber dafür sorgen, dass man glücklich ist. Ich wollte unbedingt Kinder haben, weil ich wusste, dass mich das glücklich machen würde. Obwohl alle mir abgeraten haben mit „Bist du verrückt? Du willst jetzt mitten im Krieg Kinder?“, bin ich in einer der schlimmsten Bombennächte Mutter geworden. Das war am 12. September 1944.

Wie haben Sie in Ihrem Leben Stress, Ärger, Ängste, Konflikte und Krisen bewältigt?

Ich hatte immer so einen Spruch, keine Ahnung, wo ich den aufgeschnappt habe: „Putschi dalli“, habe ich immer gesagt, „putschi dalli, wird schon irgendwie weitergehen.“ Ich war glücklich, sehr glücklich. Da steckt man dann auch schon einmal eine Niederlage weg oder ein wenig Ärger. Putschi dalli, wird schon irgendwie weitergehen.

Was raten und wünschen Sie den heute jungen Menschen?

Sich einen Beruf suchen und finden, der einem Spaß macht; aber auch einmal außerhalb des Berufes für ein bisschen Abwechslung sorgen. Ich habe immer viel Sport getrieben. Gymnastik und auch Schwimmen; ich war bei den „Nixen“. Die sind hier in Berlin ganz bekannt. Und sucht euch Freunde! Pflegt eure Freundschaften. Ich treffe heute noch regelmäßig Freunde. Meine Freundin Frau Hansen habe ich erst mit 100 kennengelernt. Früher habe ich mit meinen Freundinnen Karten gespielt, dabei wurde schon auch getrunken und ganz viel Spaß gemacht. Wir waren eine ausgelassene Runde. Ihr müsst euch auch einmal zurücknehmen können und nicht immer recht haben wollen.

Was ist Ihrer Ansicht nach der Sinn des Lebens?

Den Sinn? Danach hat mich noch keiner gefragt! Man lebt und man kann was daraus machen! Und manchmal ist das Leben eben zu nehmen, wie das Leben eben ist.

Was bedeutet Glück für Sie?

Wenn einem etwas gelingt und wenn der Bürgermeister zum 100. Geburtstag nicht kommen kann! Dann kommt die Vertreterin und wird zur Freundin.

Haben Sie noch Träume und Wünsche?

Ich will gesund bleiben bis zum Schluss. Das ist ja klar. Und ich würde gern öfter einmal in einem Restaurant ein gutes Essen genießen können. Ich mag so gern Herzhaftes. Wenn ich es mir finanziell erlauben könnte, wäre ich auch großzügiger. So gern würde ich meinen Besuchern gelegentlich etwas spendieren; oder sie zu Kaffee und Kuchen oder zum Essen einladen. Aber dafür reichen die paar Euro Taschengeld, die man hier bekommt, leider nicht.

Dr. Wilhelm Dodenhoff

Der Weitgereiste

Dr. Wilhelm Dodenhoff wurde 1920 in Sottrum geboren. Mit 19 Jahren wurde er eingezogen, zwei seiner Brüder fielen im 2. Weltkrieg, er selbst wurde wiederholt verwundet. Nach dem Krieg studierte er Jura in Hamburg und – für die damalige Zeit ungewöhnlich – in Nashville, Tennessee, und war später 25 Jahre lang Richter und Vorsitzender Richter am Bundesverwaltungsgericht sowie 28 Jahre Verfassungsrichter im Land Bremen. Nach dem Tod seiner ersten Frau heiratete er im Alter von 66 Jahren erneut, seine zweite Frau verstarb 2001. Im Gespräch beeindruckte er vor allem durch seine Klarheit, seine humorvolle Art und sein weltmännisches Auftreten.

Warum, glauben Sie, sind Sie so alt geworden?

Ich habe alle mir gestellten Aufgaben immer mit großer Freude erfüllt. Ich bin immer neugierig geblieben. Sehr neugierig – ich wollte immer, und will auch heute noch, wissen, was um mich herum und in der Welt passiert. Ich will teilhaben am Leben und diese Gesellschaft mitgestalten. Gearbeitet habe ich noch bis zum 75. Lebensjahr. Danach war ich dann noch bis zu meinem 80. Geburtstag als Gutachter tätig. Ich hatte immer große Freude an meiner Arbeit. Meine berufliche Tätigkeit war sehr erfüllend. Ich lebe einfach gerne; hatte Freude an der Arbeit wie am Leben im Allgemeinen. Leidenschaftlich gern trieb ich Sport und bin viel gereist. Das ist wohl der Grund dafür, dass ich in Würde so alt geworden bin, und dafür bin ich dankbar.

Was ist Ihrer Auffassung nach das Wichtigste im Leben?

Die Kinder auf den Weg bringen und fördern, aber auch andere Menschen. Sie, die Kinder wie auch andere Menschen, für die man Verantwortung trägt, dürfen wir aber nie zu etwas zwingen. Denn es ist wichtig, dass sie überzeugt sind von dem, was sie tun. Dann können sie viel leisten und haben dabei noch Freude. Was kann noch sinnvoller sein?

Wie haben Sie in Ihrem Leben Stress, Ärger, Ängste, Konflikte und Krisen bewältigt?

Es gab für mich in solchen Zeiten und Situationen eine Vorgehensweise, mit welcher ich immer sehr gut zurechtgekommen bin. Ich habe den Ärger immer von seiner Wurzel her betrachtet. Ich habe versucht, ihm die Wurzel wegzunehmen. Ihm die Wurzel quasi zu ziehen, zu entziehen! Ich habe versucht den Grund für den Ärger zu verändern und so aktiv einzuwirken auf eine Situation oder einen Umstand. Und wenn das in Ausnahmefällen einmal nicht möglich war, das gibt es ja natürlich auch, habe ich mir gesagt, ich muss das überwinden, mit Gelassenheit nehmen, wie es ist. Meistens ist mir das gelungen! Wie sehen Sie das denn, Herr Gesing? Was ist Ihre Strategie in solchen Zeiten?

Was raten und wünschen Sie den heute jungen Menschen?

Ich rate dazu, dass man bei allem, was man tut, woran man arbeitet oder womit man sich beschäftigt, beziehungsweise beschäftigen muss, die Vernunft, den gesunden Menschenverstand einsetzen sollte. Besonders, wenn es um die Berufswahl geht. Unbedingt, wenn möglich, einen Beruf wählen, der Freude macht. Das ist so wichtig und wir leben ja Gott sei Dank heute in einer Zeit, in der das für die Allermeisten möglich ist. Denn ohne Freude ist das auf Dauer nicht zu machen. Notfalls muss man den Beruf und die Richtung noch einmal wechseln. Spätestens bis zu dem Zeitpunkt, an welchem man beschließt eine Familie zu gründen, sollte man im richtigen Beruf sein. Man sollte sich nie zu etwas zwingen müssen, weder zu einer bestimmten Arbeit noch zu einer bestimmten Schule oder auch zum Umgang mit bestimmten Menschen oder bestimmten Gruppen von Menschen. Sei es im beruflichen wie im privaten Bereich. Ohne Freude, ohne echtes Interesse geht es auf Dauer nicht!

Was ist Ihrer Ansicht nach der Sinn des Lebens?

Sokrates hat dazu schon gesagt: „Mit Freude die Aufgaben erfüllen, die einem das Leben stellt." Und genau so ist das! Das ist Sinn, zumindest nach meinem Verständnis. Für mich ist das sehr sinnvoll und erstrebenswert, mit Freude seine Aufgaben zu erfüllen, Herausforderungen zu meistern. Was kann es Besseres geben?

Was bedeutet Glück für Sie?

Für mich bedeutet Glück zu lernen, zufrieden sein zu können. Sich eine Existenz aufbauen, ein Leben gestalten, in dem man zufrieden und ausgeglichen sein kann. Glücklich eben. Jeder ist seines Glückes Schmied. Wir haben es selbst in der Hand. Zumindest die, die gesund sind und zivilisiert und in Frieden leben. Ich hatte Glück. Ich habe Glück. Und was ist Ihre Definition von Glück?

Haben Sie noch Träume und Wünsche?

Es gibt ja das Buch „1000 Places to See Before You Die." Kennen Sie das? Ich war 1977 in China, kurz nach dem Tod von Mao; dorthin möchte ich jetzt gern noch einmal reisen, um zu sehen, was sich verändert hat und wie es dort heute ausschaut. Viele andere Ziele schaffe ich wohl nicht mehr; aber nochmal nach Australien, Süd- oder Nordamerika, das wäre auch sehr interessant. Es gäbe noch so viel zu sehen und zu lernen.

Edelgard Huber von Gersdorff

Die Älteste

Edelgard Huber von Gersdorff wurde 1905 in Gera als eines von zwei Kindern einer Adelsfamilie geboren. Sie gilt als älteste Frau Deutschlands und ist eine der wenigen heute noch lebenden Zeitzeugen, die zwei Weltkriege miterlebt und auch bewusst erlebt haben. Als ihr Vater gleich in den ersten Kriegstagen des Ersten Weltkriegs eingezogen wurde, zog ihre Mutter mit ihr zu den Großeltern nach Karlsruhe. Mit 14 Jahren lernte sie ihren späteren Mann Walter in einer Jugendgruppe kennen. Er stand ihr auch bei, als sie als junge Erwachsene an Kinderlähmung erkrankte, deren Folgen sie ein Leben lang einschränkten. Doch Frau Huber von Gersdorff ließ sich von dieser Krankheit nicht entmutigen, sie studierte Jura und wurde Juristin bei einer Bank. Gemeinsam mit ihrem Mann, der als Architekturprofessor an der Universität Karlsruhe lehrte, reiste sie viel und gerne. Besonders intensiv erinnert sie sich an eine gemeinsame Wanderung auf dem Ätna. Doch auch die Gräuel der beiden Weltkriege sind ihr immer noch lebhaft in Erinnerung, sie weiß noch genau, wie Bombenangriffe, Hunger und Not ihren Alltag als Kind und junge Frau prägten. Edelgard Huber von Gersdorff erinnert sich bewusst an den Ausbruch des Ersten Weltkrieges und ist damit der erste Mensch in meinem Leben, der mir persönlich davon berichten kann, was für mich sehr ergreifend und beeindruckend ist. Ich bin von Ehrfurcht und Bewunderung erfasst und habe fast während des ganzen Interviews, welches in ihrer Wohnung in Karlsruhe stattfindet, eine Gänsehaut, weil eine nahezu „heilige" Atmosphäre herrscht. Sie verfolgt das öffentliche und politische Geschehen immer noch hellwach, auch wenn die schlechter gewordenen Augen und Ohren sie daran hindern, die neuesten Entwicklungen jeweils in den Medien bis ins Detail zu verfolgen.

Auf unser Gespräch hat sie sich sichtlich gefreut, für den „großen Tag" ist der Tisch reichlich gedeckt. Ihre Antworten sind klar und reflektiert und ihre Berichte über ihre Kriegserlebnisse stellen ein ganz besonderes Zeitzeugnis dar.

Warum, glauben Sie, sind Sie so alt geworden?

Ich habe viel und gerne Sport getrieben. Ich bin immer lebendig und lebensfroh gewesen, trotz der Einschränkungen. Das hat mich eher noch dazu herausgefordert etwas gerade zu versuchen und zu schaffen. Ich konnte mich anpassen an die Situation, hatte immer auch wohlwollende Unterstützung und habe immer versucht das wirklich Beste daraus zu machen. Und man kann wohl behaupten, dass das gelungen ist. Denn ich sitze hier vor Ihnen mit meinen fast 112 Jahren. Wie alt sind Sie?

Was ist Ihrer Auffassung nach das Wichtigste im Leben?

Gute Freunde haben und Menschen, auf die man sich wirklich verlassen kann. Seinen Humor zu pflegen ist auch ganz wichtig. Und noch wichtiger: begeisterungsfähig zu bleiben. Sich die Fähigkeit erhalten sich immer noch neu begeistern zu können. Die Offenheit besitzen sich inspirieren zu lassen. Das schafft Leichtigkeit und Freude und das Schwere verfliegt. Eigentlich ganz einfach, nicht?

Wie haben Sie in Ihrem Leben Stress, Ärger, Ängste, Konflikte und Krisen bewältigt?

Tief und bewusst ein- und ausatmen, wenn's schlimm war. Ansonsten alles generell mit Humor bewältigen. Und weil ich mich auf meinen Humor und meine innere Stärke immer, wirklich immer verlassen konnte, gab es so richtig Unangehnemes, worunter ich gelitten hätte, fast gar nicht. Auch mit meinem Handicap bin ich gut zurechtgekommen. Ich habe intensiv gelebt, da geht natürlich nicht alles glatt, ist nicht alles perfekt. Aber das ist ja gerade das Schöne am Leben, an unserer Existenz.

Was raten und wünschen Sie den heute jungen Menschen?

Sie müssen für schöne Erfahrungen und Erlebnisse sorgen; auch im Alltag, nicht nur ein-, zweimal im Jahr im Urlaub oder zu Weihnachten oder am Geburtstag. Nein, auch an ganz normalen Tagen, in ganz normalen Wochen. Wenn dann auch einmal Erfahrungen dabei sind, die nicht so schön sind, auch nicht verzweifeln, nie unterkriegen lassen. Immer fragen, wofür bin ich dankbar? Dankbarkeit ist ganz wichtig. Ich habe immer versucht oft bei schönen Ereignissen dabei zu sein, deshalb habe ich heute noch so viele schöne Erinnerungen in meinem Gedächtnis. Das ist ein großer Schatz. Und noch etwas ist wichtig und ich rate es allen, egal ob jung oder alt: sich engagieren.

Was ist Ihrer Ansicht nach der Sinn des Lebens?

Sich erfreuen können, würde ich sagen, an den Dingen, die einem das Schicksal an Gutem und Schönem zuwirft. Wie bei mir zum Beispiel, indem es mir meinen wundervollen Ehemann, meine Freunde und natürlich meine Perle Doris (*Pflegerin*) geschickt hat.

Was bedeutet Glück für Sie?

Freude, Freude, Freude. Sich an allem, was ist, bewusst erfreuen. Wie ich jetzt darüber, dass Sie heute da sind, Herr Gesing; und dass Sie vielleicht einen guten Eindruck von mir haben!? Ja, so eitel bin ich auch im biblischen Alter noch.

Haben Sie noch Träume und Wünsche?

Ich würde gern alles, was ich in meinem Leben an schönen Dingen erlebt habe, noch einmal ganz bewusst ein zweites Mal und dann vielleicht intensiver, bewusster erleben. Nicht drei- oder viermal, nein, nur ein zweites Mal. Eine Wiederholung des Erlebens, zum Beispiel den Urlaub in Dubrovnik. Und ich will lernen, solange ich lebe. Neue Leute kennenlernen, wie den jungen Mann aus Thessaloniki, der in der letzten Woche hier war. Und ich wünsche mir, dass ich weiterhin häufig und regelmäßig Besuch bekomme.

Der Preis für ein biblisches Alter

Ein Wunsch vieler Menschen ist es in Würde und Gesundheit ein hohes Lebensalter zu erreichen. Am Beispiel von Gustav Gerneth möchte ich erläutern, warum es da auch, sozusagen, die Kehrseite der Medaille gibt. Gustav Gerneth ist der älteste Deutsche. Er ist der zweitälteste Mann der Welt! Und der älteste deutsche Mann, der je gelebt hat. Ich recherchierte und fand Presseberichte, denen ich entnehmen konnte, dass er im Alter von 109 Jahren noch allein im eigenen Haus lebte und sich täglich selbst ein warmes Mittagessen zubereitete. Auch, dass er seinen 110. Geburtstag noch in geselliger Runde und bei bester Gesundheit gefeiert hatte. Von einem Journalisten aus seiner Region bekam ich die Kontaktdaten von dem Supercentenarian, so nennen Altersforscher Menschen, die 110 Jahre und älter sind.

Ich wählte die Telefonnummer und war direkt einigermaßen erstaunt, dass ich den mittlerweile 112-jährigen Greis selbst am Apparat hatte. Er lebte immer noch allein in seiner eigenen Wohnung; wurde aber dort intensiv, fürsorglich und liebevoll von seiner Familie betreut, wie er immer wieder betonte. Ich schilderte ihm mein Anliegen ihn interviewen zu wollen, um mit ihm die großen Fragen des Lebens zu besprechen. Seine Antwort fiel klar aus: „Ich habe keinen Bedarf! Vor ein paar Jahren hätte ich das gern gemacht. Aber jetzt; nein, lieber nicht." Ich erfuhr, dass alle seine Kinder und auch eine Enkelin mittlerweile verstorben sind, obwohl diese teilweise 80 Jahre und älter geworden waren. Wir verblieben so, dass ich ihn vier Wochen später in seinem Haus in Havelberg besuchen würde und wir dann vor Ort entscheiden würden, ob es nun doch ein Interview geben würde – oder ob wir einfach „ein wenig über die Binnenschifffahrt plaudern" würden, denn der „eiserne Gustav", wie man ihn in seiner sachsen-anhaltinischen Heimat nennt, ist über Jahrzehnte als Binnenschiffer tätig gewesen.

Ich fuhr also zum verabredeten Termin in die wunderschöne auf einer Insel inmitten des Flusses Havel liegende kleine ehemalige Hansestadt und quartierte mich dort ein. Als ich am anderen Morgen zum Haus von Gustav Gerneth kam, erfuhr ich von seinen Nachbarn und Verwandten, dass sich sein Zustand leider in den zurückliegenden Wochen in dem

Maße verschlechtert hatte, dass nun kein Gespräch mehr möglich war. Da ich aber aufgrund des ausgefallenen Termins nun ein wenig Zeit hatte, setzte ich mich an das Ufer der Havel, um über die Schattenseiten eines solchen biblischen Alters nachzudenken. Ich stellte mir die Frage, ob ich noch Lust hätte zu leben, wenn alle meine Freunde, meine Schwester, alle Cousinen und Cousins, alle Kollegen, Weggefährten, ja, sogar meine Kinder und deren Freunde tot wären. Wie würden Sie diese Frage für sich beantworten? Mich machten diese Gedanken zwar traurig, doch ich beschloss mir die Frage erst wieder im Jahr 2086 zu stellen, denn dann bin ich 112 Jahre alt!

In diesem Haus in Havelberg lebt der zweitälteste Mann der Welt.

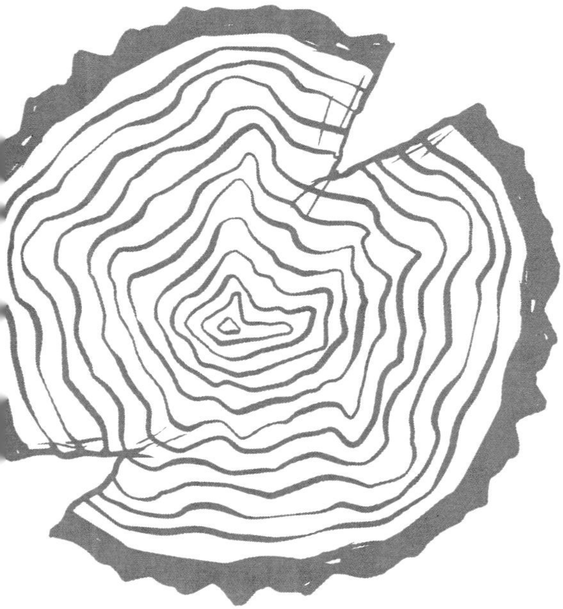

Die Vorrunde

Ida Soltmanowski

Die Mütterliche

Ida Soltmanowski wurde 1925 auf einem Bauernhof „im Osten" geboren. 1939 verließ sie die Schule und ging mit ihrer Mutter nach Berlin. Eigentlich hatte sie Schneiderin werden wollen, „aber nach dem Krieg musste ich erstmal in den Trümmern Steine klopfen." Nach der Geburt ihres Sohnes war die alleinerziehende Mutter zunächst in einer Wäscherei, später dann in einem Geschäft für Elektroartikel sowie als Köchin angestellt. „In erster Linie aber war ich Mutter, das habe ich immer als meine wichtigste Aufgabe angesehen!", betont sie im Gespräch immer wieder.

Warum, glauben Sie, sind Sie so alt geworden?

Ich hatte eine wichtige Aufgabe. Für meinen Sohn war ich Mutter UND Vater. Ich wurde gebraucht. Und ich glaube, ich bin nicht trotz, sondern gerade wegen der vielen Arbeit so alt geworden.

Was ist Ihrer Auffassung nach das Wichtigste im Leben?

Ein Leben in Würde zu führen. Ein würdevolles Leben zu führen, so wie es ja Gott sei Dank auch im Grundgesetz verankert ist. Dass man sein Auskommen hat und dass man, wenn man krank oder alt ist, gut versorgt ist. Dass es Menschen gibt, die sich dann um einen kümmern. So wie „meine" Lucie. Sie ist noch Schülerin, aber sie besucht mich jede Woche. Ich habe sie kennengelernt durch ein gemeinsames Projekt ihrer Schule mit unserem Seniorenheim hier.

Wie haben Sie in Ihrem Leben Stress, Ärger, Ängste, Konflikte und Krisen bewältigt?

Indem ich versucht habe meine Interessen durchzusetzen und das sehr hartnäckig! Das hat nicht immer allen gefallen, aber wenn man weiß, wofür man es macht und dass es wichtig ist, kann man mit dem Ärger, den man sich sicherlich manchmal einhandelt, auch ganz gut umgehen. Da ist man nicht immer beliebt; aber damit musste ich klarkommen und bin ich klargekommen.

Was raten und wünschen Sie den heute jungen Menschen?

Was aus seinem Leben zu machen ist wichtig, es nicht verplempern. Zu kämpfen für seine Sache, aber nicht mit Hauen und Stechen, wie das heute leider so oft der Fall ist, sondern mit Höflichkeit, Liebenswürdigkeit, Geduld und Hartnäckigkeit. Und wenn etwas nicht auf Anhieb gelingt: Dranbleiben, immer und immer wieder versuchen die für einen selbst wichtigen Ziele zu erreichen.

Was ist Ihrer Ansicht nach der Sinn des Lebens?

Ach ich weiß nicht, was ich dazu sagen soll. Im Alter denkt man ja doch öfter einmal: Welchen Sinn hat das alles? Man ist ja doch oft müde und manchmal auch verzweifelt. Aber wenn man dann Leute trifft, die einem wohlgesonnen sind, denkt man: Das Leben lohnt sich doch!

Was bedeutet Glück für Sie?

Mein Glück ist Menschen zu haben, die für mich sorgen! Das ist ein Glück, welches nicht alle haben. Ich möchte ernstgenommen werden. Das ist oft das Problem bei uns Alten, dass man uns gar nicht mehr richtig ernstnimmt und das tut weh. Ja, das ist für mich Glück – ernst genommen zu werden, und gerade weil das im Alter leider oft nicht der Fall ist, ist mir das so wichtig!

Haben Sie noch Träume und Wünsche?

Da ich nicht mehr so gut zu Fuß bin, komme ich ja nicht mehr so häufig raus. Aber das macht nichts, ich fühle mich hier doch sehr wohl. Eigentlich reicht es mir, wenn ich hin und wieder mal am Wochenende zu meinem Sohn kann. Ein willkommener Tapetenwechsel. Solche einfachen Sachen sind es, die man sich in unserem Alter wünscht.

Mariette Schoppmann

Die Engagierte

Mariette Schoppmann wurde 1925 in Wallonien in Belgien geboren. Sie hat eine Schwester und kam 1942 als „Gesellschafterin" in einen Fabrikantenhaushalt nach Deutschland. Bei ihrem ersten Sonntagsspaziergang nach ihrer Ankunft traf sie in einem Park einen Landschaftsmaler. Dieser wurde später ihr Ehemann. Das Paar bekam einen Sohn. Mariette Schoppmann engagiert sich leidenschaftlich gern im Bereich Tierschutz. Für sie sind Tierquälerei, Tierversuche und Massentierhaltung ein unhaltbarer Zustand.

Warum, glauben Sie, sind Sie so alt geworden?

Ich erkläre Ihnen das. Wenn ich morgens wach werde, egal ob nun um 4 Uhr oder um 8, koche ich erst einen Kaffee, dann drehe ich das Radio an und tanze. Dann tanze ich in den Tag. Ich habe ja auch nie viel gearbeitet. Das hat vielleicht auch ein wenig geholfen.

Was ist Ihrer Auffassung nach das Wichtigste im Leben?

Also erstens, eine glückliche Beziehung. Dann kommt die Nächstenliebe, darin sind auch die Tiere eingeschlossen. Ich liebe Tiere. Die fühlen wie ich. Ich bete jeden Abend für die Tiere, die in den Schlachthof gehen. Die spüren, was das für ein Ort ist. Die wissen das. Die haben solche Angst. Das ist so schrecklich.

Wie haben Sie in Ihrem Leben Stress, Ärger, Ängste, Konflikte und Krisen bewältigt?

Man muss alles herauslassen! Ich kriege schon auch mal einen Wutanfall. Musik kann helfen. Ich höre sowohl Klassisches wie „La Bohème", aber auch Andrea Berg. Geige höre ich besonders gern. Und Stress ist für mich nichts Schlechtes. Stress ist toll! Ich liebe Stress. Deswegen habe ich immer Stress. Und mache Stress!

Was raten und wünschen Sie den heute jungen Menschen?

Die sollten wieder mehr Mitgefühl und Liebe für die Tiere haben und empfinden können. Verantwortung für das eigene Leben und das eigene Glück übernehmen. Nicht immer nur jammern. Es wäre toll, wenn die jungen Leute auch insgesamt rücksichtsvoller mit alten Menschen umgehen würden.

Was ist Ihrer Ansicht nach der Sinn des Lebens?

Darüber mache ich mir jetzt zum ersten Mal Gedanken. Bisher habe ich darüber überhaupt nie nachgedacht. Ich bin glücklich und das reicht. Das ist dann wohl der Sinn? Was weiß ich?

Was bedeutet Glück für Sie?

Aktiv sein zu können. Täglich zu laufen. Gesund zu sein. Auch mal alleine sein; aber nicht zu lange!
Und lachen, lachen, lachen. Viel lachen! Mutig sein zu können. Ich bin mutig und das ist mein Glück.

Haben Sie noch Träume und Wünsche?

Ich würde gerne nochmal einen Mann kennenlernen. Ich wünsche mir eine Partnerschaft. Und ich möchte gerne mein ganzes Leben noch einmal erleben. Genau das gleiche Leben ein zweites Mal.

Walter Grosse Jäger

Der Gesellige

Walter Große Jäger wurde 1926 in Telgte geboren. Er hatte vier Geschwister, die inzwischen alle verstorben sind. Ebenso seine Ehefrau, mit der er 65 Jahre verheiratet war. Er ist Vater einer Tochter und eines Sohnes. Gegen Ende des Zweiten Weltkrieges wurde er noch als erst 18-Jähriger eingezogen. Er arbeitete auf einem Flughafen in Leipzig, wo es seine Aufgabe war, mit Hilfe von Ochsen die Flugzeuge auf das Rollfeld zu ziehen. Als 19-Jähriger befand er sich bereits in Gefangenschaft, die drei Jahre währen sollte. Nach Krieg und Gefangenschaft arbeitete Walter Große Jäger in seinem Beruf als Maschinenschlosser. Er legte auch die Meisterprüfung ab und war über 40 Jahre in einem Fernmeldeamt beschäftigt.

Warum, glauben Sie, sind Sie so alt geworden?

Weil ich ein geselliger Mensch bin. Miteinander reden, lachen, fröhlich sein und anderen auch mal einen Gefallen tun, das ist gesund. Mitunter auch streiten, aber ohne Hass, mitfühlend sein, das sind lauter Zeichen der Liebe, und wer viel Liebe in seinem Leben erlebt, der wird alt.

Was ist Ihrer Auffassung nach das Wichtigste im Leben?

Zufrieden sein mit dem, was ist. Ich hatte so ein tolles Leben. Meine Frau, die Kinder, die Enkel, wunderschöne Urlaube an der Côte d'Azur mit Segeln und Surfen. Diese Dankbarkeit, die ich dafür empfinde, das ist etwas ganz Wichtiges. Dieses schöne Gefühl der Dankbarkeit ist für mich sehr wichtig, ja!

Wie haben Sie in Ihrem Leben Stress, Ärger, Ängste, Konflikte und Krisen bewältigt?

Wenn man ein gutes Leben hat, dann steckt man Probleme auch einfacher weg. Ich habe auch jetzt im Alter noch ein gutes Leben: Mache Radtouren, Leichtathletik, einen Stammtisch, einen Kegelclub und dienstags gehe ich in die Sauna. Immer von 11 bis 18 Uhr, das ist der schönste Tag in der Woche, der Dienstag. Beim Saunieren kann man so gut relaxen, da kann man alle Sorgen vergessen.

Was raten und wünschen Sie den heute jungen Menschen?

Nicht so übertriebene Ansprüche haben. Nach einer glücklichen Partnerschaft streben, wo man Freud und Leid miteinander teilen kann. Füreinander einstehen, sich umeinander sorgen, sich um seine Mitmenschen kümmern.

Was ist Ihrer Ansicht nach der Sinn des Lebens?

Das sind die glücklichen Momente, als die Kinder klein waren, zu sehen, wie sie sich entwickeln.
Die Freiheit um die Welt reisen zu können. Alles, was Spaß macht eben: Skilaufen, turnen, bei der Weinlese helfen (*Freunde sind Winzer*) und Wein trinken natürlich!

Was bedeutet Glück für Sie?

Das wertschätzen können, was man hat, sich daran erfreuen können. Das kann man gar nicht hoch genug bewerten. Und auch anderen etwas gönnen können. Denen das nicht neiden.

Haben Sie noch Träume und Wünsche?

Ich wünsche mir, dass mir ein langes Krankenlager erspart bleibt und ich nicht in ein Altersheim muss.
Und dass es, wenn ich abberufen werde, ganz schnell geht. Und bis dahin weiterhin offen zu bleiben für alles, was das Leben zu bieten hat.

Maria Rawert

Die Selbstbewusste

Maria Rawert wurde 1924 als Älteste von 5 Geschwister in Westfalen geboren. Nach dem Abitur im Jahr 1944 studierte sie und arbeitete im Anschluss als Lehrerin. Zuletzt von 1981 bis zum Eintritt in den Ruhestand mit 67 Jahren an einem Internatsgymnasium am Niederrhein. Seit ihrer Pensionierung engagiert sie sich in ihrer Kirchengemeinde.

Warum, glauben Sie, sind Sie so alt geworden?

Es ist einfach ein Geschenk. Mein Glaube hat mich immer gestützt, weil ich eine echte Gottesbeziehung habe. Ich fühle mich aufgehoben in der Liebe Gottes. Darum brauche ich mir keine Sorgen zu machen.

Was ist Ihrer Auffassung nach das Wichtigste im Leben?

Ja, eben meine persönliche Gottesbeziehung, wodurch auch meine Beziehung zu den Menschen geprägt ist. Ich gebe mir Mühe immer in gutem Einvernehmen zu leben mit allen Menschen, die mich umgeben. Und ich weiß immer: Was ich fertig bringe, wird mir geschenkt.

Wie haben Sie in Ihrem Leben Stress, Ärger, Ängste, Konflikte und Krisen bewältigt?

Ich war schon auch einmal von Ängsten geplagt; das habe ich versucht mit Durchhaltevermögen und Ablenkung zu meistern und zu bewältigen. Man muss lernen, die Dinge hinzunehmen, wie sie sind, das kann natürlich hart sein. Aber im Alter wird es leichter; man wird doch spürbar gelassener.

Was raten und wünschen Sie den heute jungen Menschen?

Das ist sehr schwer. Die leben heute in einer ganz anderen Welt. „Sucht irgendwo Halt“, rate ich. Das kann eine Person sein oder es kann eine Überzeugung sein. Es ist auch ratsam sich bewusst zu machen, dass wir Gemeinschaft brauchen. Wir sind für die Gemeinschaft geschaffen, zur Gemeinschaft bestimmt.

Was ist Ihrer Ansicht nach der Sinn des Lebens?

Sinn ist wichtig, ansonsten könnte man sich gleich ein Strick nehmen. Doch es gibt einen Sinn. Es gibt einen, der zu uns hält und zu uns steht. Dieser Gott ist die Liebe. Liebe und Gott, das setze ich gleich. Das ist dasselbe, Gott und die Liebe. Ja, auf jeden Fall.

Was bedeutet Glück für Sie?

Was ist Glück? Glück ist ein gefährliches Wort. Ich kann Ihnen sagen, was Frieden ist: Mit dem Willen Gottes übereinzustimmen. Innerer Frieden, das ist Glück.

Haben Sie noch Träume und Wünsche?

Ich habe keine besonderen Wünsche mehr. In Frieden leben. Meine Wohnung behalten dürfen. Und wenn das nicht mehr geht, dass ich dann trotzdem meinen inneren Frieden behalte und ich in diesem Gottvertrauen weiterleben kann. Manchmal denke ich, das Leben könnte auch vorbei sein. Vor kurzem wollte mir mein Kardiologe wegen meines hohen Alters von einer Hüft-OP abraten. Da habe ich zu ihm gesagt: Ich habe über 90 Jahre gut gelebt. Jetzt nehme ich es, wie es kommt!

Kurt Kubat

Der Belesene

Kurt Kubat wurde 1925 in Ostpreußen geboren. Er war 28 Jahre bis zu seiner Pensionierung im Jahre 1990 Rektor einer Realschule im Berliner Stadtteil Moabit. Er war einmal verlobt, blieb aber ledig. Er übernahm über einen langen Zeitraum bis zu ihrem Tod die Pflege seiner Mutter. Kurt Kubat bezeichnet sich selbst als Bücherwurm und besitzt über 800 antiqarische Lyrikbände. Auch ein paar eigene Gedichte hat er verfasst.

Warum, glauben Sie, sind Sie so alt geworden?

Es ist wohl Gottes Wille. Mein Großvater ist auch sehr alt geworden. Er musste noch im Alter von 99 Jahren gen Westen flüchten. Das hat er nicht überlebt. Unter normalen Bedingungen wäre er sicher über 100 Jahre alt geworden. Meine Mutter wurde auch 92 Jahre alt, gute Voraussetzungen also für mich ein hohes Lebensalter zu erreichen.

Was ist Ihrer Auffassung nach das Wichtigste im Leben?

Für mich war und ist es das Lesen. Meine Bücher bedeuten mir sehr viel. Ich besaß eine sehr große und einzigartige Bibliothek. Leider konnte ich nur einen ganz kleinen Teil davon mit hierher in die Residenz bringen. Ich musste Prioritäten setzen und so haben nur die für mich persönlich wertvollsten und bedeutendsten Werke einen Platz in diesem doch recht kleinen Bücherregal ergattern können. Es sind für mich wahre Schätze.

Wie haben Sie in Ihrem Leben Stress, Ärger, Ängste, Konflikte und Krisen bewältigt?

Na ja, ich will ehrlich sein. Ich bin ein sehr emotionaler Mensch; leider ist das so. Deswegen schäume ich auch manchmal über. Das hat mir manchen Ärger eingebracht. Ja, es gab schon auch Konflikte, bei denen es richtig laut wurde. Dann war es aber auch heraus und die Sache war für mich und meist auch für die anderen damit erledigt. Große Schicksalsschläge habe ich versucht mit Fassung zu tragen. Ich wurde zum Beispiel im Krieg schwer verletzt, durch Granatsplitter; auch das habe ich überstanden. Irgendwie geht es doch immer weiter. Das kann ich voller Überzeugung aufgrund meiner eigenen Erfahrungen sagen.

Was raten und wünschen Sie den heute jungen Menschen?

Nichts! Nein, wirklich nichts, das meine ich ganz ernst! Jeder muss seinen eigenen Weg gehen und seine eigenen Erfahrungen machen und aufgrund dieser Erfahrungen seine Entscheidungen treffen und sein Leben leben, wie es für ihn passt und stimmig ist. Allgemeine Ratschläge zu geben wäre vermessen, unangebracht und unseriös.

Was ist Ihrer Ansicht nach der Sinn des Lebens?

Auch da will ich ehrlich sein. Ich sehe das so: Das Leben als solches ist sinnlos. Aber es gibt wohl im Leben eines jeden Menschen auch gute Phasen und glückliche Zeitspannen. Zeiten der Zufriedenheit und der Erfüllung und dafür lohnt es sich zu leben. Aber für mich ist diese Zeit vorbei. Ich sehe den Sinn in meinem Leben nicht mehr. Das soll kein Klagen oder Jammern sein; nein, ich meine das ganz neutral, ganz sachlich. Welchen Sinn soll das hier denn noch haben?

Was bedeutet Glück für Sie?

Die Antwort auf diese Frage haben schon ganze Generationen von Philosophen und Gelehrten gesucht und nicht gefunden. Ich auch nicht!

Haben Sie noch Träume und Wünsche?

Ich bin müde und erschöpft, deshalb wünsche ich mir einzuschlafen, zu sterben. Das Leben war gut, aber jetzt reicht es. Es ist alles so mühsam und so unglaublich anstrengend geworden. Ich wäre froh, wenn es nun bald vorbei wäre. Ausruhen für immer. Friedlich einschlafen, das ist mein sehnlichster Wunsch.

Theodora Werschmann

Die Bäuerin

Theodora Werschmann kam 1922 auf einem Bauernhof in Groß-Reken zur Welt. Sie wuchs mit zwei Schwestern und vier Brüdern auf. Ihre Geschwister sind mittlerweile alle verstorben. 1950 heiratete sie den Landwirt Bernhard Werschmann. Die beiden bekamen neun Kinder. Ihr Leben war geprägt von ihrer Arbeit als Mutter, Hausfrau und Bäuerin. Zum Zeitpunkt des Interviews war „Dora", wie sie schon immer genannt wurde, die älteste Einwohnerin der kleinen, 200 Einwohner zählenden Ortschaft, in der sie lebt, ihre Urenkelin Hedda hingegen die jüngste.

Warum, glauben Sie, sind Sie so alt geworden?

Es gab immer viel Arbeit in einem so großen Haushalt mit neun Kindern und somit habe ich mich immer viel bewegt. Das hat sich bestimmt positiv auf die Gesundheit ausgewirkt, denn ich war so gut wie nie krank. Es ist einfach immer so weitergegangen. Ich hatte Glück.

Was ist Ihrer Auffassung nach das Wichtigste im Leben?

Gesund zu sein. Sich dort, wo man lebt, wohlzufühlen. Den Freundeskreis zu pflegen. Leider sind auch von den Freundinnen mittlerweile alle verstorben. Auch die gute Nachbarschaft hier auf dem Land habe ich immer als sehr hilfreich und angenehm empfunden. Das war schon wichtig.

Wie haben Sie in Ihrem Leben Stress, Ärger, Ängste, Konflikte und Krisen bewältigt?

Es gab immer Leute, die ich um Rat fragen konnte, wenn etwas war, und mit denen ich über alles sprechen konnte.
Allgemein finde ich es sehr wichtig immer alles offen anzusprechen, wenn es einmal Probleme gab. Sobald die Kinder groß genug waren, haben sie alle mit angepackt, so dass es nicht zu viel Stress gab. Zur Entspannung habe ich immer gern gelesen. Wenn ich müde bin, gehe ich immer sofort ins Bett. Wenn man ausgeschlafen ist, können einem der Ärger oder der Stress auch nicht so viel anhaben.

Was raten und wünschen Sie den heute jungen Menschen?

Ja, da sage ich auch, es ist gut, wenn man in gutem Einvernehmen miteinander leben kann. Für soziale Kontakte sorgen. Freundschaften pflegen. Und immer über Probleme offen sprechen.

Was ist Ihrer Ansicht nach der Sinn des Lebens?

Zufriedenheit empfinden. Sich freuen, dass man lebt und am Leben anderer teilhat. Ich habe ja neun Kinder und zwanzig Enkelkinder. Außerdem sieben Urenkel. Das alles miterleben zu können, wie sie sich entwickeln und leben, das ist sehr schön. Das lässt einen das Leben als sinnvoll empfinden.

Was bedeutet Glück für Sie?

Wenn es all meinen Lieben gutgeht, ist das Glück. Wenn wir zusammen feiern oder ich Besuch bekomme. Immer noch dabei und dazwischen zu sein, noch dazuzugehören, das ist auch ein Glück.

Haben Sie noch Träume und Wünsche?

Gesund zu bleiben. Körperlich und geistig nicht nachzulassen. Vital und fit zu bleiben.

Fazit

Auch wenn der Inhalt dieses Buches sicherlich einmal für eine bestimmte wissenschaftliche Studie oder Arbeit hilfreich sein könnte, so erhebe ich doch nicht den Anspruch mit dieser Publikation ein wissenschaftliches Werk vorzulegen. Auch maße ich mir nicht an ein allgemein verbindliches Fazit an das Ende dieses Werkes zu setzen. Vielmehr muss jeder Leser für sich entscheiden, welches Interview ihn vielleicht am meisten berührt oder bewegt hat, mit welchen Menschen er sich identifizieren konnte und welche Relevanz und Gewichtigkeit er den jeweiligen Antworten dieser Interviewpartner beimessen möchte. Daraus kann er dann ein ganz persönliches Fazit entwickeln.

Generell kann ich nur sagen, dass ich nach der nun mehr als ein Jahr währenden Beschäftigung mit der Thematik zumindest mit einem wissenschaftlichen Studienergebnis des Bundesinstituts für Bevölkerungsforschung nahezu vollkommen übereinstimme: Ich sprach dort mit Herrn Dr. Andreas Mergenthaler. Sein Institut veröffentlichte ein Studienergebnis, wonach seit 130 Jahren die Lebenserwartung kontinuierlich steigt, was seit der zweiten Hälfte des 20. Jahrhunderts vor allem auf den Rückgang der Sterblichkeit älterer Menschen zurückzuführen ist. 65-jährige können mittlerweile mit rund sieben weiteren Lebensjahren in guter Gesundheit rechnen. Diese „gewonnenen Jahre“ sind der Studie zufolge eine Voraussetzung für ein „aktives Altern“, das heißt die Chance bis ins hohe Alter selbstbestimmt an verschiedenen Bereichen der Gesellschaft und am Familienleben teilzuhaben. Und in der Tat kann auch ich bestätigen, dass es allen Senioren, mit denen ich sprach, gemein war, dass sie solange wie möglich Wert darauf gelegt hatten möglichst selbstbestimmt zu leben und aktiv zu sein.

Nun zu meinem persönlichen Fazit: Für mich sind es die vier Kardinaltugenden des griechischen Philosophen Platon, die sich als Quintessenz aus der Arbeit mit all den wundervollen alten Menschen herauskristallisiert hat.

1. KLUGHEIT, nicht im Sinne von „Vielwisserei“ (Zitat einer Teilnehmerin), sondern im Sinne von Reflektiertheit und Weisheit, als Fähigkeit immer situationsgemäß unter Verwendung der richtigen Mittel zu handeln.

2. GERECHTIGKEIT, im Sinne von sich selbst und anderen gerecht werden. Das heißt, Achtung vor der eigenen Würde zu haben, sprich Selbstachtung, und vor der Würde der Mitmenschen in Form von Respekt, Toleranz und Mitgefühl. Nach Aussage der Interviewten hat ihnen das viel Ärger, viele Konflikte und viel Traurigkeit erspart, was somit zu mehr Lebensqualität und Lebensfreude führte.
3. TAPFERKEIT, im Sinne von Mut zu den eigenen Überzeugungen zu stehen und danach zu handeln; als Mittelweg zwischen Tollkühnheit und Feigheit. Und als Folge dieses mutigen Handelns immer, auch im hohen Alter noch, dazuzulernen, zu wachsen und sich zu entwickeln.
4. BESONNENHEIT, im Sinne von Gelassenheit und einem entspannten und eben besonnenen Umgang mit den eigenen Bedürfnissen als Mittelweg zwischen Ausschweifung und Selbstunterdrückung. Seine eigenen Talente, Wünsche und Sehnsüchte, aber auch die Schwächen nicht zu verleugnen, sondern anzunehmen.
Wie sagte schon Erasmus von Rotterdam: „Der Kern des Glücks, der sein zu wollen, der ich bin."

Ein Überblick

Edelgard Huber von Gersdorff
und Rei Gesing, S. 9

Anna Bucher,
S. 10

Christina Lösing,
S. 14

Elisabeth Schaal,
S. 18

Paul Krieger,
S. 22

Therese Fenners,
S. 26

Lucia Rodschies,
S. 30

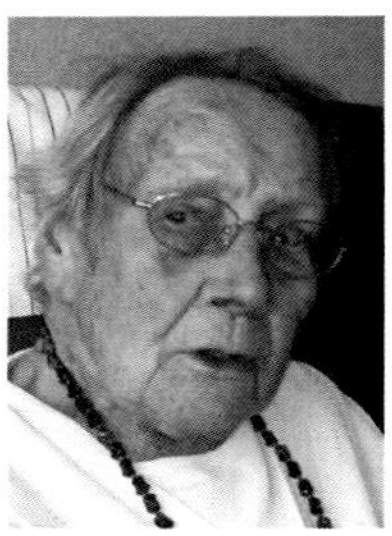

Adele Neuhaus,
S. 34

Heinrich Wessels,
S. 38

Maria Liske,
S. 42

Gudrun Zapf
von Hesse, S. 46

Berta Mecklenburg,
S. 50

Werner Zurkuhlen,
S. 54

Hildegard Kinschert,
S. 58

Margarete Ester,
S. 62

Elfriede „Elfi"
Zakrzynski, S. 66

Alice Sassen,
S. 72

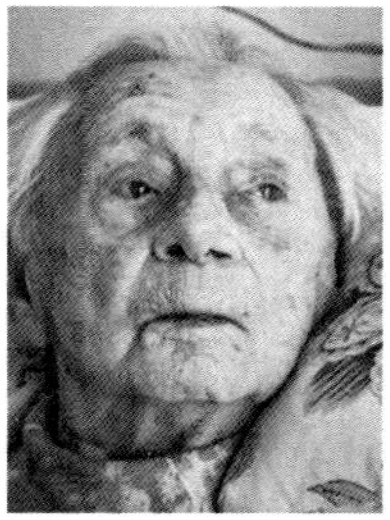

Thea Tenhumberg,
S. 76

Dr. Rosemarie Burger,
S. 80

Irmgard Rocke,
S. 84

Marianne
Engelskircher, S. 88

Elisabeth Basting,
S. 92

Maria Legge,
S. 96

Anny Kammermann,
S. 100

Charlotte Reddmann,
S. 104

Anneliese Lindner,
S. 108

Gerda Piasta,
S. 112

Dr. Wilhelm
Dodenhoff, S. 116

Edelgard Huber von
Gersdorff, S. 122

Ida Soltmanowski,
S. 130

Mariette Schoppmann,
S. 134

Walter Große Jäger,
S. 138

Maria Rowert,
S. 142

Kurt Kubat,
S. 146

Theodora
Werschmann, S. 150

Der Autor
Rei Gesing, S. 158

Der Autor

Rei Gesing, geboren 1973, lebt in Münster/Westfalen und arbeitet dort sowie in Berlin als Autor und Berater. Der vierfache Vater ist ehrenamtlich als Betreuer tätig und richtet regelmäßig Veranstaltungen zugunsten verschiedener Wohltätigkeitsorganisationen aus.